W0075749

Verband deutscher Schriftstellerinnen
und Schriftsteller Ostbayern (Hg.)

Weihnachtliches Ostbayern

Verband deutscher Schriftstellerinnen und Schriftsteller Ostbayern (Hg.)

WEIHNACHTLICHES OSTBAYERN

Winterliche Geschichten und himmlische Ereignisse

SüdOst Verlag

Bibliografische Information der Deutschen Nationalbibliothek

Die Deutsche Nationalbibliothek verzeichnet diese Publikation in der Deutschen Nationalbibliografie; detaillierte bibliografische Daten sind im Internet über http://dnb.dnb.de abrufbar.
ISBN 978-3-95587-747-7

1. Auflage 2020
ISBN 978-3-95587-747-7
Alle Rechte vorbehalten!
© 2020 SüdOst Verlag in der Battenberg Gietl Verlag GmbH, Regenstauf
www.battenberg-gietl.de

INHALT

VORWORT
„ALLE JAHRE WIEDER …"

Weihnachten ist nur einmal im Jahr – und das ist auch genug! Denn wer kann schon die jedes Jahr zahlreicher werdenden Weihnachtsbücher noch überblicken, geschweige denn lesen?

Hilfreich sind da die großen Namen der Weltliteratur: Charles Dickens, Maxim Gorki, Thomas Mann, Heinrich Böll, Adalbert Stifter, Ludwig Thoma, Astrid Lindgren, Frank McCourt – um nur einige zu nennen.

Eine Einteilung in Grundtypen der Weihnachtsliteratur kann ebenfalls bei der Auswahl helfen: Da gibt es Geschichten, die mittels schmückendem oder jahreszeitlichem Beiwerk Weihnachtsstimmung hervorrufen, wie beispielsweise Schneefall und Schlittenfahrt, Glockenklang und Kerzenschein, der Weihnachtsmann und seine Rentiere. Letzteres eher im US-amerikanischen Kontext.

Auch Kindheitserinnerungen an frühere Weihnachtsfeste bzw. an Weihnachten – wie es einmal war, sind sehr beliebt; desgleichen Geschichten, die in biblische Zeiten zurückführen und das Geschehen um den Stall zu Bethlehem beinhalten.

Andere Erzählungen stellen eine moralische Bekehrung, eine Umkehr, eine wundersame Errettung mit Hilfe von Engeln bzw. weihnachtlichen Geistern und Begegnungen in den Mittelpunkt oder führen mit meditativen Worten ins Spirituelle des weihnachtlichen Geschehens.

Aber auch sozialkritische Texte, welche die Heilsgeschichte mit der harten Wirklichkeit konfrontieren, wie „Die drei dunklen Könige" von Wolfgang Borchert, Peter Huchels „Dezember 1942" und die „Dezembernacht" von Marie Luise Kaschnitz, zählen zur Weihnachtsliteratur; ebenso Geschichten, die das bürgerliche Festgeschehen eher als unglaubwürdig entlarven oder das Komische/Lächerliche/Sentimentale daran demaskieren, wie Friedrich Dürrenmatts „Pilatus" und Heinrich Bölls „Nicht nur zur Weihnachtszeit".

Im vorliegenden Buch machten sich nun 24 Autor*innen des VS Ostbayern daran, Geschichten zur Winter- und Weihnachtszeit zu schreiben, die jenseits von Kitsch und Klischees teils direkt aus dem Umfeld der Menschen in der Oberpfalz und Niederbayern geschöpft wurden. Der Band „Weihnachtliches Ostbayern – winterliche Geschichten und himmlische Ereignisse" versammelt eigenwillige, beschauliche, lustige, tiefsinnige, traurige, kritische, gefährliche, hoffnungsfrohe – eben moderne Winter- und Weihnachtsgeschichten. In ihnen warten nicht alle aufs Christkind oder besinnen sich auf die Begebenheiten in Bethlehem, sondern erzählen von den Ereignissen und Dramen rund um das „Fest der Liebe". So werden Wünsche nicht immer erfüllt, Nikoläuse ermüden und das Christkind erscheint zur Unzeit, Weihnachtsmärkte und Rentiere nerven, Engel verlieren ihre Flügel und im Himmel zieht das Internet ein … Dennoch gibt es hie und da ein hoffnungsvolles Licht! Deshalb: „Fürchtet euch nicht" – vor dem weihnachtlichen Ostbayern!

Dieses besondere Weihnachtsbuch, ausgestattet mit zahlreichen Illustrationen, setzt die erfolgreiche Ostbayern-Reihe des Verbandes deutscher Schriftstellerinnen und Schriftsteller in Ostbayern (VS Ostbayern) fort.

Regensburg im Frühsommer 2020
Marita A. Panzer

Edith Maria Ascher

EIN LÄCHELN

Es war Wintersonnenwende, als mein Opa mich in unserem kleinen Haus besuchte. Der erste Tag der Rauhnächte. Der Tag, an dem das Sonnenkind neu geboren wird. Der dunkelste Tag des Jahres, der eine Verheißung bringt: auf neues Licht und neues Leben.

Warme Föhnstürme fegten von den Alpen herab und stürzten sich ungestüm in die Schneise des Isartales. Die alte gotische Stadt Landshut und der hohe Backsteinturm in ihrer Mitte zeigten sich unbeeindruckt. Selbstverständlich in ihrem Dasein, strotzend vor Kraft, als ob sie schon immer hier gestanden wären und nie weichen würden. Wie mein Opa.

„Das ist ja eine Überraschung. Warum hast du nicht geklingelt? Komm doch rein!" Mit den zwei Flaschen, die ich eben aus der Speisekammer geholt hatte, winkte ich ihn durch den Flur. „Setz dich in die Küche, nimm dir, was du brauchst, ich koche einfach weiter."

Opa ließ sich auf seinem Stammplatz am Rande der Eckbank nieder, ich entkorkte die Flaschen und goss Malzbier und Bier über die kleingehackten Lebkuchen. Genüsslich trank ich den Rest. Die Gemüsebrühe köchelte unaufgeregt, ich hob den Deckel und tunkte das Rauchfleisch tiefer. Als ich mich kurz umwandte, lächelte Opa mir zu. Ich freute mich, dass er da war. Sein Besuch rundete diese wohlige Stunde erst ab. Es war gemütlich warm in der Küche, roch nach Gemüse und Lebkuchen. Ein heller Ort in dieser umtriebigen Zeit.

Mein Haus war meine Bastion und mein Hort. Je älter ich wurde, umso mehr verschanzte ich mich darin und versuchte alle Aufregung von mir fern zu halten.

„Die Kinder kommen morgen", erzählte ich, die Hände ins Abwaschbecken getaucht. „Heiligabend feiern sie bei sich, deswegen mache ich das Weihnachtsessen schon früher." Ich zog den Stöpsel nach oben, gluckernd verschwand das schaumige Wasser im Abguss und übergangslos widmete ich mich weiter der Vorbereitung des Essens, das nicht nur für mich, sondern für die ganze Familie einen Höhepunkt des Jahres darstellte. Die Tunke war traditionell schlesisch, das Rezept verfeinert durch die Erfahrungen von vier Generationen von Frauen. Versehen mit Würsten, Rosinen und gestifteten Mandeln, würde sie sich morgen braun und schwer über die dickleibigen Hefeklöße ergießen. Eine heilige Hochzeit, jedes Jahr aufs Neue in Ehrfurcht von allen Beteiligten vollzogen.

Ein Ast knallte ans Fenster. Der Sturm, der seit gestern über Landshut wehte, war mächtig in den großen Nussbaum gefahren.

„Die wilde Jagd macht sich auf!", sagte ich. „Hör nur, wie die Dämonen brüllen!" Ich unterbrach meine Arbeit und lauschte. „Ich höre sogar das Heulen der Wölfe. Das Wiehern der Pferde! Du hast immer gesagt, dass sich in den Rauhnächten der Schleier zwischen den Welten hebt. Du hast uns mit deinen Geschichten ziemlich Angst gemacht. Die wilde Horde würde uns holen, wenn wir nicht achtgeben. Drinnen sollten wir bleiben und unsere Zimmer aufräumen. Das hat gewirkt, Opa! Und es war wunderbar schaurig!"

Draußen war es mit einem Male ruhig geworden, als hole der Sturm Atem. Außer dem leisen Brodeln der Brühe war es völlig still im Haus. Totenstill. Und einsam. Ich starrte durch die Fensterscheibe in die Schwärze der Nacht. Erleichtert verfolgte ich, wie in heranrollenden Böen der Wind wieder anschwoll. Die Äste des Baumes tanzten wie Schattengeister. Fasrige Wolkengestalten huschten über den Mond. Frau Percht mit ihren schaurigen Begleitern. Peitschenknallend trieben sie ihre Pferde und Wölfe an. Ein scheppernder Knall ließ mich herumfahren. Die große Porzellanschüssel war herabgefallen und zerbrochen. Vom Geschirrberg herabgerutscht, lag sie in Scherben auf dem Boden. ‚Eine Trennung steht an', fuhr es mir in den Sinn. Der Sturm heulte lauter, ich kehrte die Scherben zusammen, holte eine Kerze, stellte sie auf das Fensterbrett und zündete sie an, um die Geister fernzuhalten. Mit einem tiefen Seufzer setzte ich mich an den Tisch und betrachtete Opa. Er sah aus wie immer. Ein gestrickter Pullunder über dem Hemd, die grauen, feinen Haare sorgfältig nach hinten gekämmt. Die große Hornbrille war auf seine Nasenspitze gerutscht, als wolle er mir gleich etwas aus seinem Sagenbuch oder der Zeitung vorlesen. Dennoch – irgendwie wirkte er seltsam. Ein Schleier lag über seinem Blick. Oder war es nur der Dunst in der Küche? Und warum sagte er nichts? Wurde er dement, oder was war mit ihm los? Seine grauen Augen waren aufmerksam und einladend auf mich gerichtet. Sein Schweigen, sein stilles Zuhören war für mich immer eine Einladung gewesen zu erzählen. Mein Herz zu öffnen. So wie jetzt. Mir fiel der gestrige Tag ein.

„Gestern war ich an der Isar", begann ich. „Eigentlich wollte ich nur Kerzen einkaufen. Diese roten Stabkerzen." Ich wies auf das Fensterbrett. Dabei bemerkte ich überrascht, dass die Kerze fast niedergebrannt war. Das Licht zuckte in dem alten Messingleuchter, als wehre es sich gegen das Verlöschen. „Ich habe sie doch erst ... egal." Ich entzündete eine neue Kerze, drückte sie in das heiße Wachs und erzählte weiter. „Ich war also in der Stadt. Es war ziemlich viel los. Du kennst das ja – die letzte Hektik vor Weihnachten. Der Wind hat durch die Altstadt geblasen, als wolle er allen Weihnachts-Tand aus der Stadt fegen. Jedenfalls habe ich die Kerzen gekauft und weil ich keine Lust hatte, nach Hause zu gehen, bin ich noch in die Heiliggeistkirche, um die Kühlewein-Krippe anzuschauen. Toll! Richtig herzerfrischend! Aber, was ich eigentlich erzählen wollte, ist, dass auf dem Rückweg zur Grieserwiese etwas Seltsames passiert ist: Ein tiefer, durchdringender Glockenschlag von St. Martin. Mitten am Nachmittag; es war zwanzig vor fünf! Ich fand es irgendwie unheimlich. Die meisten haben es wahrscheinlich gar nicht bemerkt, aber ich habe plötzlich gefroren."

Fragend sah ich Opa an.

Er lächelte geheimnisvoll und schwieg.

„Und dann, während ich auf St. Martin gestarrt habe, als könne der Turm mir eine Erklärung liefern, bist mir du eingefallen und die Geschichte vom heiligen Kastulus. Du hast mir mal erzählt, dass die Glocken vor vielen Jahrhunderten schon einmal von alleine geschlagen haben. Als man die Knochen des Heiligen von Moosburg nach Landshut gebracht hat."

Opa lächelte.

„Ich war durcheinander und habe überlegt, in ein Café zu gehen, um mich aufzuwärmen. Aber eigentlich wollte ich Ruhe, deswegen bin ich an die Isar gegangen. Richtung Röcklturm. Übrigens lässt der goldene Mann dich grüßen. Er stand wie immer auf seinem Podest, am Eck gegenüber vom Oberpaur. Und wie immer wünscht er dir Gottes Segen." Ich erwiderte Opas Lächeln. Und während ich ihn ansah, wunderte ich mich erneut, warum er kein einziges Wort sprach.

„Es dämmerte", fuhr ich fort. „Die Lichter der Laternen sind angegangen und ich habe in die Isar geschaut. Auf ihrer schwarzen Oberfläche haben sich die Laternen gespiegelt. Es sah schön aus. Als ob ihre Lichter in der Dunkelheit tanzen. Die Oberfläche der Isar war mit kleinen bebenden Kuppen übersät. Wie zitternde Gänsehaut. Es hat tatsächlich ausgeschaut, als ob die Isar friert." Aufgeschreckt von einem zischenden Geräusch, sprang ich vom Tisch auf und schaltete die Platte mit der schäumenden Brühe aus. Eigentlich hatte das Kochen noch Zeit. Ich konnte das Essen auch in einer Stunde fertigmachen. Ich setzte mich wieder. „Na ja, ich habe mich also über die Brüstung gelehnt und nach unten in die Tiefe gesehen. Und je länger ich schaute, umso aufgewühlter fühlte ich mich. Aufgewühlt wie die Isar. Als dann der Wind trockene Blätter aufgescheucht und über den Kiesweg geblasen hat, hat es sich angehört, als ob sie wispern und flüstern. Dabei ist mir eingefallen, dass die Rauhnächte auch Losnächte sind. Die geheimnisvollen Nächte der Träume und Orakel!"

Mein Opa nickte zustimmend.

„Und darum …", ich lächelte verschämt, „…darum hab ich mit der Isar gesprochen. ‚Du bist Isa, die Schnelle, die Reißende!', hab ich zu ihr gesagt. ‚Du bist so alt. Du bist viel älter als St. Martin.' Und, um ihr eine Freude zu machen, habe ich ihr erzählt, dass ich schon an ihren Quellen im Karwendel war. Dass ich den Ort magisch finde. Und dann habe ich sie gefragt, ob sie mir nicht auch etwas erzählen will. Etwas albern, oder?"

Opa schüttelte den Kopf.

„Danach habe ich gelauscht und das Wasser beobachtet und je länger ich geschaut habe, umso müder kam mir die Isar vor. Ich habe darüber nachgedacht, was sie in den letzten Jahrzehnten alles erdulden und ertragen musste. Eingezwängt. Eingeengt in ihrem wilden Lauf. Ständig hat man ihr vorgeschrieben, wie sie zu fließen hat. Wohin. Wie schnell. Wie langsam. Die Menschen haben von ihr gelebt. Haben ihre Kraft benutzt und ihre Bedürfnisse missachtet."

Ich konnte nicht weiterreden und musterte meinen Opa. Er saß völlig still. Die Hände ineinander verschränkt, den Blick aufmerksam auf mich gerichtet. Er war mir so vertraut. Opa hatte mein Leben begleitet. Wie ein Fluss, der mein Lebensboot trägt. Als ich ihm zulächelte, schimmerten seine Augen feucht. Und im selben Moment überflutete mich tiefer Schmerz. Ich weinte und ich spürte genau, dass ich nicht um die Isar weinte. Mein Brustkorb schmerzte, mein Herz fühlte sich eng an und kalt. Ich weinte aus der Tiefe meiner Seele. Schluchzend verschwand ich im Bad, wusch mir mit kaltem Wasser das Gesicht und kehrte mit kleinen verweinten Augen zurück.

„Ich weiß nicht, was mit mir los ist. Es geht mir ja gut. Ich habe alles. Eine Familie, ein Haus…" Ich schnäuzte geräuschvoll und, um mich abzulenken, widmete ich mich wieder meiner Arbeit. Kostete von der Brühe, goss das Gemüse ab, setzte einen großen Topf auf, warf ein großes Stück Butter hinein und drückte es mit dem Schneebesen auf den heißen Boden. Und während ich zusah, wie der kalte Brocken sich auflöste, schien mir das Essen, das ganze Weihnachtsfest plötzlich so nebensächlich. Die Küche, das Haus wirkte auf einmal so klein. So eng. Mein Leben so fremdbestimmt. Ich schob den Topf von der Platte.

„Meinst du, die Isar hat mir geantwortet?", fragte ich.

In diesem Moment läutete es an der Tür.

Ich ging, um zu öffnen. An der Tür meine Mutter. Ihr Gesicht war verweint. Ohne mich zu grüßen, ohne etwas zu sagen, betrat sie den Flur. Dann verharrte sie einen Moment, wandte sich um und schöpfte sichtlich Atem und Mut. „Ich wollte es dir persönlich sagen", begann sie vorsichtig. „Deswegen habe ich nicht angerufen, es …"

„Was?"

„Opa ist tot", sagte sie leise. „Gestern Nachmittag. Ich glaube, er ist einfach eingeschlafen. Er sah so friedlich aus. Als ob er lächelt." Es war Opas Lächeln, das blieb. Sein stilles Zuhören.

Es trug mein Lebensboot weiter. Auf die reißende, auf die wilde Isar.

Bettina Auer

SCHNEEFLOCKE

Es war weder kalt noch sonderlich warm, dennoch hatte meine Mutter mich überredet, die dicke Winterjacke anzuziehen, denn es könnte ja sein, dass ein urplötzlicher Wolkenbruch am strahlendblauen Himmel erschien und Schnee hinabrieseln würde.

Ich seufzte und blies mir eine störrische blonde Locke aus der Stirn, die partout nicht an ihrem Platz bleiben wollte. Selbst das Haarspray, das ultrastarken Halt versprochen hatte, kam nicht gegen meine wilde Haarpracht an. Aber nun ja, es gab Schlimmeres …

Wie zum Beispiel seit gefühlt zwei Stunden auf einer der Parkbänke vor der Kirche zu sitzen und zu warten, dass meine Freundinnen endlich erschienen.

Okay. Das Wort Freundinnen wäre doch etwas falsch. Nennen wir sie lieber einmal Klassenkameradinnen oder besser noch: blöde Ziegen.

Carla und ihre beiden Hühner hatten, soweit ich mich erinnerte, in den knapp drei Monaten, in denen ich schon in Wörth an der Donau lebte, nur zwei oder drei Mal mit mir gesprochen. Am Freitag jedoch nach Schulschluss hatte sie unbedingt darauf bestanden, dass ich ihr meine Handynummer verriet, weil sie mit mir und den anderen beiden Mädels auf den Weihnachtsmarkt gehen möchte.

Ich hatte zuerst gezögert, mir jedoch dann einen Schubs gegeben und ihr die Nummer vorgesagt. Alles war besser, als ein weiteres Wochenende zu Hause rumzusitzen und das ewige Gejammer meiner

Mutter anzuhören. Dass ich den ganzen Tag doch bitte nicht vor der Spielekonsole verbringen und lieber mal an die frische Luft gehen sollte.

Die Vorstellung, dass ich irgendwann alleine ohne jeglichen richtigen sozialen Kontakt in dem größten Müllberg hauste, raubte ihr nicht selten den Schlaf.

Ich hingegen verstand das Drama, das sie jedes Mal darum machte, nicht. Ich war gerne für mich alleine und es war ja nicht so, dass ich keine Freunde hatte. Sie wohnten leider nur alle nicht in meiner unmittelbaren Umgebung und bisher hatte ich selten jemanden persönlich kennengelernt, der die gleichen Interessen wie ich teilte.

Die meisten Mädchen in meinem Alter interessierten sich für Schminken, Jungs und Partymachen. Ich hingegen konnte mich nur schwer für diese drei Themen begeistern und verbrachte meine Freizeit lieber mit einem guten Buch oder vor der Spielkonsole.

Mein Smartphone vibrierte und mit einem Seufzen holte ich es hervor. Ich las die Nachricht von Clara: Wir sind gleich da! Dad muss nur noch schnell tanken.

Ich schickte ihr ein kurzes Okay, bevor ich das Smartphone wieder zurück in die Jacke steckte und tief seufzte. Wenn ich ehrlich war, kam ich mir schon etwas dämlich vor, während ich hier auf dem Kirchplatz saß und wartete wie bestellt und nicht abgeholt …

Mich würde es auch nicht wundern, wenn die mich verarschen.

„Wartest du auf jemanden?"

Ich hob den Kopf und zog erst einmal ganz skeptisch die Augenbrauen nach oben. Ich kannte den Jungen nicht, obwohl er vom Aussehen her in meinem Alter sein musste. Das blonde Haar stand ihm noch schlimmer vom Kopf ab als meines und die graublauen Augen funkelten listig.

Er trug eine dicke weiße Winterjacke, die selbst fülliger wirkte als meine. Ich blinzelte kurz verwirrt und überlegte ernsthaft, ob ich ihm eine Antwort geben oder ihn ignorieren sollte.

„Na?", fragte er nach und dehnte das Wort unnötig in die Länge, während er auf den Fersen vor und zurück wippte.

„Äh … ja", erwiderte ich schließlich wenig geistreich.

Er machte einen Schritt auf mich zu und legte dabei den Kopf schräg. „Du siehst etwas genervt aus."

„Ach, wirklich? Ich mag es nicht sonderlich, wenn man mich einfach so von der Seite anquatscht", entgegnete ich bissig und blies mir abermals die hängende Strähne aus der Stirn.

„Ist ja schon gut", sagte er und machte mit den Händen eine Bewegung, so, als wäre ich ein störrisches Pferd. „Musst ja nicht gleich so zickig werden."

„Ich bin gar nicht zickig! Ich habe es nur satt zu warten! Außerdem habe ich gar keine Lust auf diesen blöden Weihnachtsmarkt. Was soll das überhaupt? Ohne Schnee ist das doch völlig sinnlos."

„Ach, du wünschst dir also Schnee?", fragte der unbekannte Junge plötzlich und setzte sich neben mich.

„Vielleicht. Ich meine, es ist Anfang Dezember und langsam sollte es doch einmal schneien, oder nicht? Ich finde, Schnee gehört im Winter dazu und ein Weihnachtsmarkt ohne Schnee ist einfach nur für die Katz", sagte ich und kam mir dabei etwas dämlich vor, nachdem ich es ausgesprochen hatte.

Ich warf dem Jungen einen schiefen Seitenblick zu. „Und? Wie siehst du das?"

„Eigentlich genau wie du. Aber vielleicht schneit es ja, wenn du ganz fest daran glaubst."

„Du willst mich doch auf den Arm nehmen, oder? Ich bin doch kein kleines Kind mehr", brummte ich leicht angesäuert hervor und verschränkte demonstrativ die Arme vor der Brust.

„Manchmal ist es nie verkehrt, ganz fest an etwas zu glauben, Thea."

Ich wollte zu einer Erwiderung ansetzen, doch dann erstarrte ich. Woher wusste er meinen Namen? Ich hatte ihn sicherlich nicht genannt. Ein eiskalter Schauer fuhr meinen Rücken hinab und ich sprang regelrecht von der Parkbank auf.

„Woher weißt du, wie ich heiße?", fragte ich ihn leicht hysterisch und er lächelte mich so unschuldig an, dass sich mein Magen verkrampfte.

„Das ist ein Geheimnis."

„Thea!"

Ich drehte mich um und sah Clara mit ihren Freundinnen um die Ecke biegen. „Sorry! Hat etwas länger gedauert, aber da sind wir", entschuldigte sie sich und lächelte verlegen.

„Können wir?", fragte das aufgetakelte dunkelhaarige Mädchen.

„Äh, ja …", sagte ich, drehte mich um, um dem komischen Jungen einen blöden Spruch zum Abschied reinzudrücken, aber der war … weg.

So, als hätte er sich in Luft aufgelöst.

Doch an dem Platz, wo er gerade noch gesessen hatte, lag etwas. Es war eine Schneeflocke aus filigranem Glas mit silbernen Steinchen, die glitzerten.

„Ist was?", fragte mich Clara neugierig.

Hastig schüttelte ich den Kopf. „Nein! Alles okay; ich hab das nur verloren", log ich schnell und steckte die Schneeflocke in meine Jackentasche.

„Okay …", erwiderte das andere Mädchen gedehnt und wirkte dabei nicht sonderlich überzeugend. Ich schenkte ihr jedoch ein breites Lächeln und deutete ihr an, dass wir gehen konnten.

Der Markt war nicht sonderlich beeindruckend, dennoch hatte ich Spaß. Ich schaffte es sogar, mich etwas mit den drei Mädels anzufreunden, obwohl unsere Gemeinsamkeiten sich auf die Abneigung gegen das Fach Mathe und den nervigen Sportlehrer beschränkten. Jedoch hatte mir der Nachmittag viel Spaß gemacht, und als es langsam dunkel wurde, begannen wir uns zu verabschieden.

Dabei ging ich am Kirchplatz vorbei und sah zu der Bank, wo ich vorhin mit dem Jungen gesessen hatte.

Vielleicht ist es nur Einbildung gewesen, dachte ich abermals und ertastete mit meiner Hand die gläserne Schneeflocke. Ich holte sie hervor, betrachtete sie im Licht der Straßenlaterne und erinnerte mich daran, was der Junge gesagt hatte.

Ich sah mich um, doch ich war alleine. Dann legte ich die Hände um die Schneeflocke, schloss die Augen und murmelte leise: „Ich wünsche mir Schnee."

Und es passierte … nichts.

Natürlich. Wie kannst du nur an solch einen Schwachsinn glauben, schimpfte ich mich selbst, und mit einem tiefen Seufzen steckte ich die Schneeflocke zurück in meine Jackentasche.

Ich schlug den Weg nach Hause ein und kurz bevor ich vor der Haustür ankam, spürte ich es. Der Wind, wie er kälter wurde und den Geruch von Schnee mit sich trug. Ich sah zum Himmel hinauf und streckte die Hand aus, als die Schneeflocken ganz sachte in der Handfläche landeten. Ich lachte überrascht auf, drehte mich zweimal im Kreis und stieß einen leisen Freudenschrei aus. Dann steckte ich die Hand in meine Jackentasche und ertastete … nichts.

Die Schneeflocke war nicht mehr da und hatte sich genauso wie der Junge im Nichts aufgelöst.

Fabian Bader

GEILER ALS FERNSEHEN

Heute Abend sind wir bei den Nazareths im beschaulichen Rieden. Aufgrund der Gentrifizierung Regensburgs – also der ständig steigenden Mieten in der Stadt des Weltkulturerbes – musste die Arbeiterfamilie ihren Geburtsort verlassen und kurz vor Weihnachten aufs Land ziehen.

Maria Amber (englisch ausgesprochen) und Josef Dennis Nazareth sind gerade dabei, sich mit ihrem Neugeborenen in der neuen, renovierungsbedürftigen, gar scheunenartigen Dreizimmerwohnung einzurichten. Josef schleppt braune Umzugskartons und Maria hängt Bilderrahmen von Ikea mit Schwarzweißfotos an die frisch gestrichenen Wände, während sie stets ihren kleinen Sohn im Auge behält.

Bei einer Verschnaufpause auf dem Sofa befragen wir beide zu ihrem Umzug.

Josef Dennis, der eigentlich guter Dinge ist: „Also ich bin eigentlich guter Dinge. Wir haben die Wohnung schnell gefunden, denn hier ist nicht so viel los wie in der Stadt. Man könnte sagen, Ochs und Esel sagen sich hier Gute Nacht. Aber nun können wir es uns leisten, dass unser Sohn ein eigenes Zimmer bekommt. Für mein Kind würde ich ja alles tun. Auch wenn das heißt, die Stadt zu verlassen, in der man aufgewachsen ist, in der die Familie lebt und in der alle meine Freunde wohnen. Die Politiker unternehmen dagegen sicherlich schon alles, was sie können. Und natürlich kann man sich immer besuchen. Es ist ja nicht weit", (scherzend lächelnd). „Also bisher war meine

Familie noch nicht da." (Er hört auf zu lächeln.) „Und, also meine Freunde … Aber für den eigenen Sohn, da nimmt man selbstverständlich alles auf sich. Ich bin da guter Dinge."

Maria Amber (englisch ausgesprochen), die eine Last mit sich und ihr Kind im Arm trägt: „Ganz so haben wir uns das selbstverständlich nicht vorgestellt. Für Josef Dennis ist es, glaube ich, nochmal schlimmer. Ich muss mich jetzt zwar tagsüber immer nach dem Bus richten, aber er muss in der Früh pendeln und morgens um halb sechs aufstehen. Da bekommt er gar nicht viel von meinem Kleinen mit. Josef Dennis hatte in Regensburg auch Freunde, die er jede Woche seit knapp 30 Jahren gesehen hat. Da fragt man sich schon, wie sich das alles so entwickeln konnte … Andererseits muss es für die Touristen jetzt sehr schön sein in Regensburg. Und der Josef ist halt auch nur ein Zimmermann. Natürlich muss man heute eh froh sein, wenn man Arbeit hat. Aber ganz so – naja, das war vorher schon schön inmitten Regensburgs – nur Josef Dennis und ich."

Liebevoll und mit Tränen in den Augen streichelt Maria Amber (englisch ausgesprochen) ihrem Kind den Kopf. Dann drückt sie ihn Josef in den Arm und eilt abwinkend zur Tür.

Josef Dennis, sichtlich verwirrt und angestrengt: „Sie nimmt das viel mehr mit als mich. Ich versuche sie zu unterstützen, wo es nur geht, und für Maria Amber da zu sein. Für eine Frau ist diese Bindung natürlich viel intensiver. Also die mit dem Kind. Das kann ich mir überhaupt nicht vorstellen, wenn ich mir denke, wie ich den Kleinen hier liebe." (Er wird nachdenklich.)

„Ja, das mit dem Verlassen der Heimat war so nicht geplant. Wenn man ehrlich ist, war unser Kind auch nicht so direkt geplant. Wir waren da einer Meinung und haben beide immer streng auf Verhütungen geachtet. Ich war wirklich stets vorsichtig und zurückhaltend. Eigentlich hatten wir nie ungeschützt, also, soweit ich mich erinnern kann. Da fragt man sich schon, wen die Schuld trifft … Aber wir wissen ja alle, keine Sache auf Erden ist hundertprozentig sicher.

Manchmal werden Frauen einfach plötzlich trotzdem schwanger. Das hat Maria Amber mir gesagt."

Josef Dennis hebt das Kind auf Augenhöhe und blickt ihm lange ins Gesicht: „Er ist eben ein ganz großes Wunder, unser kleiner G-Zuz (englisch ausgesprochen). Als Vater durfte ich ihm auch seinen Namen geben. Das war eine gewaltige Verantwortung, aber am Ende habe ich mich eben für G-Zuz, nach meinem Lieblingsrapper, entschieden. Ich hoffe, unser kleiner G-Zuz hat später einmal auch so wichtige Sachen zu verkünden, wie sein Namensvetter. Dass Maria Amber mir dabei absolut vertraut hat, da bin ich wirklich stolz drauf. Ich liebe sie sehr und werde jetzt etwas für sie kochen, damit wir einen romantischen ersten Abend in unserer neuen Wohnung verbringen können."

Er dimmt das Licht, macht Musik an und setzt mit G-Zuz auf dem Arm Nudelwasser auf.

Währenddessen folgen wir Maria Amber (englisch ausgesprochen) durch zwei Stockwerke die Treppen hinunter vor die Eingangstür. Sie schließt die Tür hinter sich, aber wir folgen.

„Lasst mich einfach in Ruhe. Geht weg." Maria Amber zündet zitternd eine Zigarette an. Ihre Stimme überschlägt sich, fast weinend: „Ja, ich weiß, dass ich nicht rauchen soll. Aber es ist eben nicht alles im Leben, wie es sein soll. Es fühlt sich nicht immer alles richtig an im Leben. Und es ist auch nicht immer alles richtig im Leben. Das ist alles so falsch …

Besonders Josef Dennis gegenüber. Er gibt sich viel Mühe und liebt den kleinen G-Zuz so. Immer, wenn er ihn im Arm hat, dann schaut er ganz stolz. Und dann sagt er, dass wir alles schaffen. Das zerreißt mir jedes Mal das Herz. Weil, weil …

Josef Dennis ist gar nicht der Vater von G-Zuz."

Maria Ambers Tränen fließen in Strömen und sie zittert am ganzen Leib. Es beginnt zu schneien. Zwischen lautem Schluchzen hören wir: „Oh mein Gott. Oh mein Gott, das war alles so nicht geplant. Das war doch nur etwas Einmaliges. Ein Ausrutscher. Er wirkte so groß und wichtig und der Josef ist halt auch nur ein Zimmermann … Selbstverständlich habe ich auch nie wieder etwas von ihm gehört. Nicht einmal als ich geschrieben habe, dass ich schwanger bin, hat er sich gemeldet – er hat mich allein sitzen lassen. Und wirklich einvernehmlich lief die Sache auch nicht ab. Ich bin eine Frau und habe das Recht auf meinen Körper. Aber er kommt so ungefragt über mich und ich werde die Mutter G-Zuz'. Und der arme Josef Dennis ahnt nicht einmal etwas. Er tut mir so leid."

Maria Amber (englisch ausgesprochen) blickt zum Nachthimmel empor. Ein großer Stern leuchtet über Rieden. Sie atmet tief ein und aus. Nochmals tief ein und aus. „Ich muss Josef Dennis sagen, dass er nicht der Vater ist. Es wird ihm das Herz brechen. Ich hoffe so sehr, er verlässt mich nicht. Der kleine G-Zuz braucht doch einen Vater."

Und an dieser Stelle verabschieden wir uns liebevoll von den Nazareths aus dem beschaulichen Rieden. Wir wünschen ihnen einen romantischen ersten Abend in der neuen Wohnung mit Spaghetti Bolognese von Josef Dennis. Und Maria Amber wünschen wir, dass ihr Mann die frohe Botschaft gut aufnimmt und sich schnell damit arrangiert, nie der Vater zu sein.

Wolfgang Burger

BLINDE SPIEGEL

D as Messer ist schwer. Es ist ein gutes, teures Messer. Eine kräftige, breite Klinge, zwei Handbreit lang, ein stabiler Holzgriff. Ein zuverlässiges Werkzeug. Obwohl schon viele Jahre alt und häufig in Gebrauch, fast ohne Beschädigungen. Solingen steht auf der Klinge, zwei gekreuzte Schwerter. Der Stahl ist vollkommen blank und jetzt auch nass vom Spülwasser. Ein perfekter Spiegel. Er wendet es langsam hin und her und beobachtet die zuckenden Lichtreflexe. Irgendein Chrom-Molybdän-Stahl, geschmiedet, nur in der Oberfläche gehärtet natürlich, damit er zäh bleibt. Langsam legt er das Messer ins Spülwasser zurück, obwohl es schon sauber ist, und beginnt, die Teller abzuwaschen. Langsam und gründlich. Penibel, wie sie sagen würde. Aber sie sieht es nicht. Sie sitzt mit dem Rücken zu ihm auf einem Stuhl am kleinen Küchentisch, die Beine hochgelegt, neben sich ein Glas Rotwein. Sie sieht durch die Balkontür nach draußen und summt die Weihnachtslieder mit, die leise aus dem Wohn- und Essraum klingen, und heute kann er es kaum ertragen. Dieses gemeinsame Abendessen gehört dazu, seit Jahren schon. Auch am Heiligen Abend. Tagesausklang, Abstand gewinnen, Ruhe finden. Aber dieses Mal ist alles anders: Die Polen sind nun wirklich und endgültig vom Auftrag zurückgetreten.

***

Sie sieht nicht nach draußen. Draußen ist es längst dunkel. Sie hat heute keinen Blick für die Regensburger Altstadt, die stolzen Türme des Doms, die Donau. Sie beobachtet ihn im spiegelnden Glas der Balkontür. Er hat ein Problem. Und, wie immer, er redet nicht drüber. Männer reden ja immer nur über Erfolge, nie über Probleme. Obwohl heute der 24. Dezember ist, ist er erst um halb sieben aus der Firma gekommen. Dann haben sie kurz Bescherung gemacht: Für sie gab es wieder einmal eine Halskette, teuer natürlich, exquisit und geschmacklos sowieso. Vermutlich hatte wie üblich seine Sekretärin das Geschenk ausgesucht und besorgt. Für ihn hatte sie einen achtzehn Jahre alten, sehr seltenen und schwer zu beschaffenden Single Malt von Islay gekauft. Sie hatten Sekt dazu getrunken und tapfer so getan, als freuten sie sich.

Irgendwas muss los sein, etwas Schlimmes, so wie er seit Sekunden ins Spülwasser guckt und sich nicht mehr rührt. Aber sie muss warten. Wenn sie ihn darauf anspricht, dann gibt er eine ausweichende oder grobe Antwort und sagt erst recht nichts. Unten auf der Bundesstraße fahren Autos vorbei, viel weniger als sonst und auch nicht so schnell, kommt es ihr vor. Es scheint ein bisschen zu regnen. Dieses Haus am Hang der Winzerer Höhen, dieser Blick – sie hatte sich in der ersten Sekunde darin verliebt. Gedacht, geglaubt, gehofft, nun begänne das große Glück. Wie viele Jahre ist das jetzt her? Sie hätte ihm ja auch etwas zu erzählen, das mit Harald. Aber heute nicht, obwohl sie es sich vorgenommen hat, heute lieber nicht. Er hat schon Probleme genug, da kann sie nicht auch noch … Nein, besser morgen. Jetzt nimmt er schon zum dritten Mal dieses schreckliche Ding aus dem Wasser, dieses Angebermesser. Sie selbst benutzt es nie, hat geradezu Angst davor, benutzt lieber das kleine mit dem braunen Holzgriff, aber er schneidet ja selbst Petersilie mit diesem mörderisch scharfen Riesending. Wie er aussieht, so nachdenklich. Es muss ein großes Problem sein. Im Wohnraum singt Claudia Koreck „Ruck ma olle wieder näher zam." Sie mag dieses Lied, auch wenn sie Bayerisch sonst nicht mag. Auch er ist ein Bayer, Oberpfälzer Urgewächs. Ihr zuliebe spricht er Hochdeutsch, wenn sie dabei ist.

***

Die Polen haben gemahnt und Termine gesetzt und den Termin auf sein Bitten sogar noch einmal um acht Wochen verlängert. Jetzt ist nichts mehr zu machen. Mit dem Anwalt hat er am Vormittag schon gesprochen – es ist aus. 200 Takte pro Minute hatten sie zugesagt. Bei 160 kriegen sie Probleme mit den Toleranzen, und bei 180 fliegen ihnen die Teile aus den Spannzangen. Der Auftrag seines Lebens sollte es sein, der Durchbruch, und sie haben es vermasselt. Eins Komma acht Millionen an Vorinvestitionen sind hin. Die Firma ist hin, dieses wunderschöne und für zwei Personen viel zu große Haus, sein geliebter und nagelneuer X7, alles hin. Und er muss es ihr sagen, und er kann nicht. Warum? Kann er nicht als Geschäftsmann alles, hat er nicht alles gekonnt? Kann er nicht vor zig Leuten sprechen, sie überzeugen von Dingen, an die er selbst nicht glaubt? Sie auf eine Seite ziehen, auf der er selbst nicht steht? Aber sie sagt ihm ja auch nicht alles. Schon zum dritten Mal war sie nicht in ihrer Boutique in der Gesandtenstraße, als er gestern angerufen hat. Lieferantengespräche, abends um halb acht! Dieses Messer gibt ihm ein seltsames Gefühl. Es liegt in der Hand, als wäre es genau für diese eine Hand gemacht, als wäre nichts anderes denkbar, als dass es in dieser Hand liegt, als wäre es gar nicht existent, wenn es die Hand dazu nicht gäbe. Von diesem Griff kann man nicht abrutschen, auch wenn man beim Schneiden auf Widerstand stößt. Diese Klinge wird nicht brechen, wenn sie auf Knochen trifft. Und sie schneidet Fleisch wie Sahnetorte. Vorne, wo sie angeschliffen ist, da ist sie matt, wenige Millimeter nur, eine feine Textur, ein präziser, handwerklich perfekter Schliff. Ein Kunstwerk. So eine scharfe Messerklinge ist vorne nur wenige Mikrometer dick, der zehnte Teil eines menschlichen Haars vielleicht. Wenn man versehentlich drankommt, hat man sich schon geschnitten.

* * *

Er macht ihr Angst, wie er so dasteht und auf dieses Messer starrt. Sie müsste jetzt etwas sagen. Aber was? Etwas Banales, was für ein Wetter, wie schön, dass endlich Weihnachten ist, wie war dein Tag? Nein, das lieber nicht. Sie ahnt ja, wie sein Tag war. Es gibt ein Problem mit der Firma, andere Probleme kennt er ja nicht, und es muss wirklich ernst sein. Die Scheibe beschlägt, sein Spiegelbild wird undeutlich, verschwommen. Sie beschlägt vom dampfenden Spülwasser. Nie hat sie verstanden, wie er in dieses heiße Wasser greifen kann, und warum zum Teufel es so heiß sein muss. Vielleicht will er ihr und sich immer wieder beweisen, was er ertragen kann? Noch niemals hat er geweint in ihrer Gegenwart. Und immer noch hält er das Messer in der Hand. Es müsste gar nicht gespült werden, wenn er ihr vorhin nicht geholfen hätte, beim Tomatenschneiden. Tomatensalat mit Basilikum, ohne Mozzarella, wegen der Kalorien.

Die Haut an seiner Hand ist schon ganz schrumpelig vom Spülwasser, die Nagelränder leichenweiß. Auch die Finger lassen inzwischen erkennen, dass er gerne isst und die Vierzig schon eine Weile hinter sich hat. In der Klinge kann er seine Augen sehen. Stahlblau, entschlossen, hart. Nein, heute nicht hart, bitter. Wenn er wenigstens etwas ins Ausland geschafft hätte, oder allen Privatbesitz auf sie überschrieben, wie es alle machen. Aber er hat ja nie den Gedanken zugelassen, dass es schief gehen könnte. Wer an so etwas denkt, der hat schon verloren, davon war er immer überzeugt gewesen. Immer alles auf eine Karte, immer volles Risiko, er war so jung, so stark, wozu Vorsicht, wozu Altersvorsorge? Mit 55 wird der ganze Krempel verkauft und dann ab in die Südsee, das war sein Spruch gewesen, immer. Jetzt ist er 47, hält ein Messer in der Hand und betrachtet seine Augen im Spiegel der Klinge. Das Bild ist plötzlich undeutlich, verschwommen, als ob das Messer nicht ganz sauber wäre, obwohl es schon viele Minuten im Wasser liegt, und er es bestimmt schon dreimal abgewischt hat.

***

Sie bemerkt, dass sie aufgehört hat zu summen. Die CD ist zu Ende gegangen, ohne dass sie es mitbekommen hat. Jetzt müsste er die Töpfe spülen, als letztes, aber er tut es nicht. Wie viele Sekunden hat er sich schon nicht mehr bewegt? Immer hat er gesagt, eine Spülmaschine, das lohnt sich doch nicht für uns zwei. Abends zusammen kochen und abspülen, das ist doch schön. Man plaudert ein bisschen, tut was mit den Händen, was einfach ist, was keinen Stress macht, was entspannt. Wozu eine Maschine für zwei Teller, zwei Bestecke, ein, zwei Schüsseln? Irgendwann sind sie dann auf die Arbeitsteilung gekommen: Einer kocht, einer spült, immer abwechselnd. Heute haben sie zusammen gekocht, weil Weihnachten ist. Schweinemedaillons in Champignon-Sahne-Soße. Früher hat er das Gericht geliebt. Obwohl er mit fetten Soßen vorsichtiger sein sollte, jetzt, von der Seite, sieht man es deutlich. Heute hat er kaum bemerkt, was auf dem Teller lag. Aber er ist immer noch eine imponierende Gestalt, ja, wenn man nur mit ihm reden könnte. Sie öffnet den Mund, holt Luft, schließt ihn wieder, will wieder summen, weil sie die Stille nicht erträgt, aber ihre Stimme funktioniert nicht. Sie weiß, ohne es zu versuchen, dass sie krächzen würde. Und sie wagt nicht, sich zu räuspern.

***

Der Griff seiner Hand ist jetzt eisenhart. Wasser wird zwischen den Fingern hervorgequetscht, tropft überlaut ins Becken. Die Knöchel treten weiß hervor, die Klinge beginnt zu zittern, das Bild darin wird immer undeutlicher. Und plötzlich kann er seine Augen nicht mehr sehen.

Marie-Anne Ernst

WARUM MODERNE MANAGEMENTMETHODEN IM HIMMEL VERSAGEN

K ruzitürken, dass man in diesem Bayerischen Wald einfach
kein vernünftiges Netz hat!"
„   Für Huberts Mobilfunkprovider war die Gegend zwischen
Cham und Kötzting offenbar Niemandsland. Oder die Datenkapazi-
täten waren an diesem Weihnachtsabend einfach ausgeschöpft. Ungeduldig lief er in der Lobby seines Urlaubshotels auf und ab und
starrte wie hypnotisiert auf sein Handy – bis er mit einem dicken, rot-
gewandeten und weißbärtigen Mann zusammenstieß.

„Na, sind wir nicht ein bisschen spät dran für das Krippenspiel?",
fragte Santa Claus jovial.

„Genau da wollte ich hin", schwindelte Hubert schnell. „Meine
Frau ist mit den Kindern schon mal los und ich wollte nur noch …",
er wischte geschäftig auf seinem kleinen Bildschirm herum und hoffte, dass ihn der Dicke in Ruhe ließ. Kurz zeigte sein elektronischer
Helfer Empfangsbereitschaft an, dann war der Balken auch schon
wieder verschwunden.

„Himmel noch mal", platzte Hubert der Kragen. „Dieses Weihnachtschaos ist ja nicht auszuhalten! Wie gerne würde ich da einmal durchgreifen!"

„Wenn es weiter nichts ist", lachte Santa Claus, der ihn amüsiert beobachtet hatte. Er zog Hubert mit sich nach draußen und deutete einladend auf einen Holzschlitten. Verblüfft stieg Hubert ein und Santa ließ die Zügel knallen.

„Also, was würdest du an Weihnachten anders machen?", fragte er dann, aber Hubert hatte sich die Hand vor den Mund geschlagen und murmelte undeutlich: „Mir ist schlecht."

***

„Los Jungs, diesmal schlagen wir das Christkind!", feuerte Santa Claus seine Rentiere an.

„Träum weiter!", lachte das Christkind.

Behäbig öffnete sich die riesige Himmelspforte und das Christkind schoss als Erstes hindurch. Ein großer Riss im Kleid und tiefe Kratzer auf den silbern glänzenden Flügeln waren der Preis für diesen Sieg.

„Wir liegen etwas hinter dem Zeitplan", setzte Petrus sofort zu seinem Statusbericht an.

„Nächstes Mal krieg ich dich", unterbrach ihn Santa und klatschte mit dem Christkind ab. Da ließ ein gequältes Stöhnen aus dem Rentierschlitten die drei herumfahren.

„Ich hasse Fliegen", beschwerte sich ein Mann im Anzug mit weihnachtlicher Krawatte im Christbaummuster. Er kam schwerfällig auf die Beine, aber riss dann die Augen weit auf angesichts des geschäftigen Treibens auf dem weitläufigen Platz neben der Himmelspforte, der mit riesigen Geschenkebergen und emsig arbeitenden Engeln übersät war.

„Die Lieferungen für die Nachtschicht", erläuterte Santa. „Für diejenigen, die erst am Weihnachtsmorgen Bescherung haben."

Der Mann nickte unsicher.

„Gott, wie unhöflich von mir", entfuhr es Santa. Er wandte sich an das Christkind und Petrus.

„Das ist Hubert. Ich habe ihn auf dem Weg zum Krippenspiel im Wald von Rimbach aufgelesen. Er ist Unternehmensberater und hat mir im Vertrauen gesagt, dass er einige Verbesserungsvorschläge für uns hat. Und da habe ich mir gedacht, ich mache einen kleinen Abstecher mit ihm."

Santa grinste stolz, doch Petrus schlug entsetzt die Hände über dem Kopf zusammen. Nur das Christkind reagierte souverän.

„Kein Problem, ich habe ohnehin Kaffeepause. Komm, Hubert", wandte sich das Christkind mit einem gewinnenden Lächeln an den Berater, „erzähl einem Profi, wie der Weihnachtshase läuft."

„Oh!"

Hubert schien es kurz die Sprache verschlagen zu haben, doch beim Anblick der zahllosen Engel auf dem riesigen Platz, die damit beschäftigt waren, die Geschenkeberge in handliche Zustellformate für die weihnachtlichen Wohnzimmer zu ordnen, kam sein Beratergehirn auf Touren. Beschwingt folgte er dem Christkind in ein Besprechungszimmer, und umgeben von Konferenztischen, Flipcharts und Whiteboard schaltete sein Mund auf Autopilot.

„X-Mas! A new business model", legte er los. „Performanceschwächen an Heiligabend sind ein No-Go! Das falsche Geschenk! Die falsche Farbe, Größe! Da finden wir uns mit einer absoluten No-Tolerance-Haltung konfrontiert. Wie also ..."

„Entschuldigung", unterbrach ihn das Christkind unschuldig lächelnd und hob seinen Stift, mit dem es Huberts Weisheiten eifrig notiert hatte. „Wir sind doch nur der Dienstleister. Wir suchen die Geschenke nicht aus. Wir liefern sie. Für Bestellfehler kann keine Haftung übernommen werden."

„Aber ..."

„Und ich versichere dir, dass ich niemals ein Geschenk unter dem falschen Weihnachtsbaum abgeliefert habe." Der stählerne Unterton des Christkindes machte Hubert deutlich, dass er hier keinen Christbaumständer gewinnen konnte.

„Die Human Resources!", sattelte er elegant auf das nächste, in Beraterkreisen äußerst beliebte Pferd um. „Hast du gesehen, welch schiere Anzahl an Mitarbeitern du beschäftigst? Da kommen garantiert 1,2 Engel auf jedes Geschenk! Wir haben hier DIE Chance, bei den Labour Costs einen Cut zu machen, den Headcount zu streamlinen und …"

„Verzeihung." Das Christkind machte einen zerknirschten Eindruck. „Du solltest wissen, dass wir unentgeltlich arbeiten. Aber ich bin für deine Vorschläge jederzeit offen, wenn du mir sagen kannst, was ich mit einem arbeitslosen Engel anfangen soll."

„Ach, zum Teufel!" Zornig schleuderte Hubert den Whiteboardmarker, mit dem er ein beeindruckendes Diagramm entworfen hatte, zurück in die Ablage.

„Schlechte Idee. Damit haben wir keine guten Erfahrungen gemacht."

„Gar keine guten", bekräftigte Petrus, der unbemerkt eingetreten war.

„Okay, okay." Hubert nahm sich zusammen und rieb sich die schmerzenden Schläfen. „Gehen wir das Ganze pragmatisch an. Best-Practice-Sharing. Lasst uns den Benchmark ermitteln und …"

„Ah! Du meinst, ich soll mich mit anderen Geschenkebringern vergleichen?"

Ein Leuchten erstrahlte auf dem Gesicht des Christkinds.

„Also, da hätten wir Santa Claus, Väterchen Frost, die Heiligen Drei Könige …"

„Hervorragend! Und vergiss mir ja nicht den Osterhasen", scherzte Hubert.

„Wie käme ich dazu?", entrüstete sich das Christkind.

„Obgleich ich zugeben muss", wandte Petrus ein, „dass wir seinen Ansatz, die Geschenke zu verstecken, immer etwas irritierend finden."

„Oh. Dann …"

Angesichts des neuerlichen Showstoppers fühlte sich Hubert wie ein Luftballon, dem man einmal zu oft die Luft abgelassen hatte.

„Aber die Message", krächzte er in einem verzweifelten letzten Versuch, „X-Mas hat doch eine Message, die wir transportieren müssen."

„Hm." Das Christkind wurde nachdenklich. „Und? Weißt du, wie die Message lautet?"

„Aha!" Hubert glaubte sich wieder auf sicherem Terrain. „Ich kenne da ein paar Marketingexperten, die …"

„Ehre sei Gott in der Höhe und Friede auf Erden den Menschen seiner Gnade", half ihm das Christkind gutmütig auf die Sprünge.

„Hm. Nett. Vielleicht etwas altbacken?"

Doch das Christkind reagierte nicht auf Huberts offensichtliche Herausforderung. Es schwieg und überlegte erschrocken, wann es die althergebrachten Worte der Weihnachtsbotschaft zuletzt selbst laut ausgesprochen hatte. Und konnte sich nicht erinnern. Da war es kein Wunder, dass sich für Hubert das Hochfest der Geburt des Herrn auf eine möglichst effiziente Verteilung von Geschenken und einen Online-Wunschzettel als innovatives Bestellformular reduzierte.

Aber auch in Huberts Gehirn schien sich etwas verhakt zu haben. Er hatte plötzlich ein schlechtes Gewissen, weil er sein Weihnachtsgeschenk – den Urlaub im Familienhotel – nur gebucht hatte in der Hoffnung, dass seine Frau und Söhne beschäftigt waren, damit er über die Feiertage Arbeit aufholen konnte. Als sich das Schweigen in die Länge zog, ergriff Petrus die Initiative.

„Mir scheint, du hast jetzt etwas zum Brainstormen", wandte er sich an Hubert und schob ihn Richtung Tür. „Arbeite uns doch bitte einen Management-View aus. Ich schicke dir einen Termin für ein Follow-Up."

Ohne viel Federlesens setzte Petrus den Berater zu Santa Claus in den Schlitten, der wieder zum Bersten mit Geschenken gefüllt war. Erleichtert winkte er den Abfahrenden hinterher.

„Halt!"

Das Christkind stürmte dem Schlitten hinterher. Befremdet beobachtete Petrus, wie es ein paar Worte mit dem Berater wechselte. Schließlich gab ihm das Christkind einen Zettel von seinem Klemmbrett. Der Berater notierte sich etwas und schob ihn ein. Zufrieden lächelnd kam das Christkind zurück.

„Petrus, alter Knabe", sagte es, „ich glaube, wir müssen uns selbst an die Nase fassen. Ab sofort kümmern wir uns wieder ausschließlich um die Verbreitung der frohen Botschaft und überlassen den Geschenkekram den weltlichen Profis."

„Aber …" Petrus schnappte nach Luft und deutete hilflos auf den noch immer riesigen Geschenkeberg. „Wer soll das übernehmen?"

Das Christkind grinste. „Darum wird sich Hubert kümmern. Ich bin mit ihm verabredet, sobald ich hier fertig bin. Ab dem nächsten Jahr betreiben wir Outsourcing." Und bevor Petrus noch einen weiteren Einwand vorbringen konnte, schnappte sich das Christkind ein paar Geschenke und machte sich wieder an die Bescherung.

***

Mit Knien wie Wackelpudding entstieg Hubert dem Schlitten. Das Ding war ja noch schlimmer als ein Flugzeug! Und dennoch musste er eingenickt sein. Hubert sog tief die kalte Abendluft ein und sah sich um. Er befand sich mitten im Wald. Kinder und Erwachsene bildeten einen lockeren Kreis um eine Krippe, in die Maria eben das Christkind legte. Kurz kreuzte Hubert den Blick eines etwas ramponiert wirkenden Engels. Er hatte tiefe Kratzer in den silbernen Flügeln und einen langen Riss im Kleid. Und er zwinkerte ihm zu. Eine vage Erinnerung regte sich in Hubert, aber bevor er den Gedanken zu fassen bekam, prallten zwei unförmige Gestalten in Schneeanzügen gegen ihn.

„Papa!", riefen seine Söhne voller Begeisterung und versuchten, an ihm hochzuklettern. Lachend bückte sich Hubert nach dem Jüngeren und drückte den Älteren an sich.

„Schatz! Wie schön, dass du dich doch noch losgerissen hast." Huberts Frau trat zu ihnen und ihre Augen strahlten heller als der Stern von Bethlehem. Sie nieste. „Du hast nicht zufällig ein Taschentuch dabei?"

Rasch kramte er in seinem Jackett und beförderte neben der Packung Papiertaschentücher auch einen zerknitterten Zettel zutage. Darauf stand: X-Mas. Outsourcing. 1. Draft am Christtag. Treffpunkt: Hotelbar.

Plötzlich stand Hubert sein Erlebnis wieder lebhaft vor Augen. Aber sollte er sich wirklich die Nacht um die Ohren schlagen, damit er dem Christkind morgen ein alternatives Geschäftsmodell anbieten konnte? Er betrachtete seine Familie, die vom Krippenspiel in den Bann gezogen war, und horchte in sich hinein. Nein, beschloss er. Oder jedenfalls nicht jetzt. Nicht im Urlaub. Als zum Ende des Krippenspiels die Schlitten wieder vorfuhren, ließ Hubert den Zettel unauffällig in den Schnee fallen.

Der Engel aus dem Krippenspiel wirkte etwas wehmütig.

„Schade", sagte er und kraulte dem Esel die Ohren, „bleibt die weihnachtliche Bescherung also doch weiter an uns hängen." Doch dann hellte sich sein Gesichtsausdruck auf. „Aber immerhin einer scheint die Botschaft wieder im Herzen zu tragen."

Guido Frei

SCHÖPFUNG 2.0

Zum wiederholten Male warf Gott einen mürrischen Blick auf den Blauen Planeten in der Milchstraße, wohin Jesus in Bälde zu seiner Geburtstagsparty aufbrechen wollte.

„Komm doch mit!", schmunzelte der Sohn, wohl wissend, dass der Vater an dieser Welt nach wie vor zweifelte.

„Lass mich mit der missratenen Kugel in Ruhe", stänkerte er. „Diese hirnverbrannten Idioten machen alles immer schlimmer!"

Nicht nur fackelten die Bewohner zusehends ihre eigene Festplatte ab, nein, ganze Kontinente überließen sie den Flammen. Seit sie festgestellt hatten, dass nicht er dieses Ding entworfen hatte, es vielmehr eine Folge des Urknalls darstellte, betrachteten sie die Erde als ihr Eigentum und ließen jegliche Sorgfalt vermissen. Und die einzige Nation, die Zweifel an der Evolution hegte und ihn als Architekten des Globus pries, wählte den zwielichtigsten aller Kandidaten zum Chef. Nichts war gut – sein Urteil am sechsten Tag der Genesis eine Fehleinschätzung.

Der Nacken tat Gott weh, er wandte sich von der Erde ab und starrte blicklos geradeaus. Doch sie ließ ihn nicht los. Er griff in den Wolkenumhang und zog das iPhone 11, das sein Sohn ihm letzte Weihnachten mitgebracht hatte, aus der Innentasche. Er googelte „Erde" und beschäftigte sich mit dem Sorgenkind, ohne die Genickmuskeln zu belasten. Je mehr er sich mit ihr abgab, desto klarer wurde, dass nur ein Update Verbesserung versprach.

„Es werde Licht". Damit hatte alles begonnen und dieses Licht erleuchtete jetzt ihn. Ein Schmunzeln zog über sein Gesicht.

„Es werde Intelligenz!", rief Gott dem Hintergrundrauschen zu. „Ich initiiere die Schöpfung 2.0!"

***

Wenige Stunden später betrat der Herr als hipper junger Gentleman den Apple-Hauptsitz in Cupertino, Kalifornien. Er schaffte es problemlos ins Büro des Chefs. Ein Auftrag über zig Millionen KI-Geräte galt auch in diesem Haus als außergewöhnlich. Selbst die Logistik zur Verteilung an alle über zwölfjährigen Erdenbewohner schloss der Vertrag mit ein, der in den nächsten Tagen unterschrieben werden sollte. Zunächst jedoch bedurfte Gott noch einiger klärender Gespräche, um die Finanzierung zu sichern.

***

Im Vatikan stieß er auf die eisige Ablehnung der Kurie. Was für ein Nutzen erwächst der katholischen Kirche durch diesen Bildungsschub, nörgelten ihre Mitglieder. Gar keiner! Im Gegenteil, es würden sich noch mehr Menschen vom Glauben abwenden. Glauben und Bildung vertrugen sich nur an der Hierarchiespitze, argumentierten die Berater und Ideologiestrategen händereibend und die Hüter der Kirchenschätze erbleichten angesichts der immensen Kosten.

Doch Gott griff zu Mitteln, die ihm die Kardinäle und Bischöfe nie zugetraut hätten. Mit Zuckerbrot und Peitsche schwor er die Würdenträger auf seinen Kurs ein. Eine von konservativen Kreisen als Gegengeschäft ins Spiel gebrachte Amnestie für Kindesmissbrauch-Täter lehnte der Herr kategorisch ab. Die Aufhebung des Zölibats bewirkte endlich den Durchbruch, aber erst, nachdem der Herr gedroht hatte, alle heimlichen und unheimlichen Beziehungen seiner Hirten der internationalen Presse zu stecken. Besänftigend erklärte er sich zudem bereit, selbst zu heiraten, ohne jedoch zu verraten, wen er ins Auge fasste. Die getuschelten Vermutungen in den kleinen Gesprächsrunden streuten von Hollywoodstars bis zur Äbtissin aus Bingen.

***

Am nächsten Tag wickelten die Vertragspartner ihre Übereinkunft in trockene Tücher. Jesus zeigte sich von den Neuerungen im Christentum begeistert und kaufte sich eine Menge Aktien des Apfelunternehmens, da ein immenser Schub an der Börse zu erwarten war.

„Man wird uns kaum als Insider entlarven!", beschwichtige er seinen beunruhigten Vater. „Außerdem können wir die Kirche ja nicht pleite gehen lassen!"

Die ersten fünfzig Exemplare der Produktion verlangte Gott für sich. Er wollte diese an kommenden Weihnachten, dem runden Geburtstag seines Sohnes, selbst verteilen.

Also begleitete er Jesus nach München, wo die Geburtstagsfeier im Tantris zu Schwabing stattfinden sollte. Der Herrgott hörte den Namen des Gourmettempels, schüttelte verärgert das Haupt und weigerte sich, bis zum Fest in München zu bleiben. Er lieh sich einen Mercedes und fuhr nach Norden.

Die Nacht verbrachte er in einer billigen Pension des Dorfes, auf das er bei einer Fehleingabe im iPhone gestoßen war. Es lag an einer Windung der still dahinfließenden Naab. Gegen Mittag trat er ins Freie und suchte nach Bewohnern, um sie mit künstlicher Intelligenz auszustatten. Weit und breit war jedoch kein Mensch auszumachen. Die Einwohner schmückten zu Hause ihre Bäume oder tätigten letzte Einkäufe für frugale Mahlzeiten über die Festtage. Etwas verloren spazierte Gott über den großen Parkplatz, musterte die umliegenden Häuser. Überwiegend ehemalige oder noch betriebene Höfe mit Ställen. Schräg gegenüber dampfte ein Misthaufen, das Wiehern eines Pferdes unterbrach die Stille. Auf dem Weg zu einer kleinen Kapelle, die er am anderen Ende der Siedlung entdeckt hatte, begegnete der

Herr einer jungen Frau, die sich aus dem bewaldeten Tal zur Linken näherte.

„Grüß Gott", bestellte sie dem adretten Spaziergänger.

„Danke, das fällt mir leicht. Ich bin Gott!", offenbarte er sich.

Die Jugendliche musterte ihn eingehend. Dann nickte sie zustimmend:

„Doch, eine gewisse Ähnlichkeit mit dem Bild in der Sixtinischen Kapelle ist vorhanden", erklärte sie und fügte der Person in Gedanken Michelangelos Bart und die ergrauten Haare hinzu. „Was führt dich in unser kleines Nest?"

„Ich möchte die Welt mit einem Geschenk zu Weihnachten beglücken. Es steckt voller Intelligenz, Information und Inspiration. Wie heißt du?"

„Eva."

„Eva? Das ist ein schöner Name. Schau, was ich für dich habe!"

Er zog eines der KI-Geräte aus der Tasche und legte es in ihre Hand. Evas Augen glühten vor Begehren. Vorsichtig musterte sie das geheimnisvolle Kästchen, begutachtete es entzückt von allen Seiten. Als sie auf der Rückseite den Apfel entdeckte, trübte sich die Begeisterung. Der Herr sah ihr an, dass sie mit sich kämpfte. Schweren Herzens fasste Eva einen Entschluss und gab Gott das Gerät zurück.

„Danke, mein Herr! Aber ich möchte dein Geschenk nicht annehmen. Alles, was ich über dich, mich und den Apfel der Erkenntnis gelernt habe, verspricht nichts Gutes!"

Sie machte kehrt und lief dorthin zurück, wo sie hergekommen war.

Gott stand beschämt an Ort und Stelle, erkannte, dass menschliche Intelligenz der künstlichen haushoch überlegen war. Doch für einen Rückzug war es zu spät.

Colin Goldner

LUSTIG, LUSTIG, TRALALALALA ...

OIS LEIH-NIGGOLO Z' RENGSCHBURG (ALS LEIH-NIKOLAUS IN REGENSBURG)

Wie jedes Jahr, wenn's auf Dezember zugeht, dieselbe Frage: Mach' ich's heuer wieder oder mach' ich's nicht. Und wie jedes Jahr seit mehr als zwanzig Jahren mach ich's dann doch: Ich bin Leih-Nikolaus.

Selbstverständlich bin ich keiner dieser billigen Studentenschnelldienst-Nikoläuse, die glauben, mit einem umgehängten Wattebart und einer Pappdeckel-Mitra wär schon alles getan. Nein, bei mir hat alles Stil („Uiii Mama, dem sein Bart ist ja echt!"), dafür sind meine Tarife auch etwas höher: 50 Euro für einen Besuch („Was, zehn Minuten bloß?"), 75, wenn's mit Krampus sein soll. Letzterer ist natürlich ebenfalls stilecht, mit seit Wochen nicht ausrasiertem Bart und einem uralten Persianermantel aus dem Nachlass seiner zu Lebzeiten stark übergewichtigen Großmutter. Seit Mitte November biete ich unsere Dienste an, per Kleinanzeige im Wochenblatt und auf eBay: „Nikolaus für 5. und 6. Dezember frei. Auf Wunsch mit Krampus".

Nicht unerwähnt lasse ich dabei unser stilvolles Aussehen, und dass unsere Gage eins-zu-eins an das örtliche Tierheim geht.

60 Anrufe etwa von Müttern und Omis, alle wollen am 5. um 19.00 Uhr. Hin-und-Hergeschiebe auf meinem Zeitplan, Rückrufe, Zusagen („Nein, Rute bringen wir grundsätzlich nicht mit"), Absagen („Mia ham an preiswerteren g'funden"). Irgendjemand will, dass wir am 2. kommen („Wir fliegen am 3. nach Teneriffa, geht's denn wirklich nicht?"). Ein Kegelclub für 6., spätabends. Ein Hunderter pauschal („Des wird Ihnen bestimmt g'fallen bei uns, hehe").

Der Einsatzplan steht: 29 Familien, 13 am ersten Tag, am zweiten 16, vier pro Stunde á zehn Minuten, mit jeweils fünf Minuten Fahrzeit dazwischen zur nächsten. Ich zeichne alle Familien auf einem Stadtplan ein und suche die kürzesten Verbindungen raus.

Am 5. nachmittags letzte Vorbereitungen. Schminken, Haare und Bart mit Kreidespray weiß einfärben, Ausrüstung herrichten. Das noch vom vorjährigen Besuch bei einem angeheiterten Damenkränzchen („Geh', bleim S' doch noch ein bisserl da") ramponierte Goldene Buch mit Tesa wieder zusammenkleben.

Noch ein verzweifelter Anruf, wir müssten unbedingt um 19.00 Uhr zu einer Familienfeier hinterm Schlosspark kommen, mit 14 Kindern, der schon seit Wochen engagierte andere Nikolaus habe kurzfristig abgesagt („Wie, unmöglich? Sie kriegen auch einen Zwanziger extra!"). O.K., irgendwie wird's schon gehen, solange es nicht im Schloss selbst bei der Durchlauchtigsten sein muss, der bei christ-katholischer Brauchtumspflege bekanntermaßen jeder Humor abgeht.

Chorrock anlegen, drüber den goldenen Rauchmantel. Handschuhe, Mitra. Alles aus dem Fundus meiner alten Pfarrkirche, in der ich als Bub ministriert habe. Vom jetzigen Pfarrer bekomme ich die längst nicht mehr getragenen Sachen jedes Jahr wohlwollend ausgeliehen, auch wenn er weiß, dass ich mit seinem Verein seit ewiger Zeit schon nichts mehr zu tun habe. Ein letzter Blick in den Spiegel, und los geht's. Schon auf der Straße großes Hurra, wo immer wir hinkommen („Papa, Papa, i hab scho wieder oan g'sehn"). An der

Ampel entgeisterte Blicke aus anderen Autos, dann kommt man drauf: Ach so, heut' ist ja Nikolaus.

Der erste Besuch, mit Krampus, läuft glatt. Geschenksackerl und ein kleiner Zettel mit dem, was wir sagen sollen, liegen im Treppenhaus. Auch unsere Gage steckt in einem Umschlag dabei. Im Wohnzimmer ist die ganze Familie versammelt, Papi, Mami, Opi, Omi und Tante Getrud. Zwei Kinder, drei und fünf. Dem Großen ist es etwas mulmig, der Kleine kapiert überhaupt nicht, worum es geht. Ich stelle den Krampus vor, sage, er sei nur halb so wild, wie er aussehe, und blättere in meinem Goldenen Buch: Zähneputzen müsse besser werden, steht da unter der Rubrik „Schlechtes" beim Großen, und weniger Fernsehen (das die ganze Zeit, die wir da sind, im Hintergrund läuft). Das mit dem ständigen Nachmaulen lasse ich weg. Unter „Gutes" steht, dass er schon ganz alleine Staubsaugen kann. Lasse ich auch weg. Der Große hat ein Gedicht für uns gelernt, das vom „Holler, Poller, Rumpelsack". Wir verteilen unsere Packerl, auch für die Omi und den Opi ist was dabei, wünschen eine frohe Weihnachtszeit und draußen sind wir.

Schnell zur nächsten Familie. Zehn Euro mehr im Kuvert als vereinbart. Ein Bub, etwa sechs Jahre alt, eher schüchtern. Er kriegt eine Playmobil-Raumstation. Ich helfe ihm, sie auszupacken. Er taut sichtlich auf – aber die Pflicht ruft. Wir müssen weiter. Frohe Weihnachtszeit.

Bei der fünften Familie gibt's Ärger. Wir hören den Kleinen schon am Eck brüllen wie am Spieß. Mein Krampus bleibt vorsichtshalber draußen, obwohl er ausdrücklich mitbestellt worden war. Ich läute. Drinnen wird's plötzlich absolut still. „I glaub', des is er", höre ich eine Stimme. Stille. „Mach' eahm auf!" Stille. „Schaust net glei, dass d' eahm aufmachst!" Ich fühle mich unwohl, überlege, ob ich nicht einfach wieder gehen soll. Jemand kommt an die Tür, die Oma: „Ja kommen S' doch herein, Herr Nikolaus, ja so a Freud, da schau her, Oliver, der Herr Nikolaus is' … Oliver … wo is er denn jetzt scho wieder hin, der Hundsbua?!!!"

Oliver, 5, hat sich hinter der Couch verkrochen und denkt nicht daran, herauszukommen. Die Oma packt ihn am Hosenträger – das Gebrülle geht wieder los – und schleift ihn in die Mitte des Wohnzimmers. Ich sage, ich gehe lieber wieder, doch da greift der Papa ein: „Nix da, des werden wir schon sehen. Oliver, da gehst her!" Oliver wird von der Oma zum Papa hingeschubst. „Jetzt sagst dem Herrn Nikolaus, was du heute schon wieder angestellt hast." Oliver zittert am ganzen Körper. „Schau' ihn an, den Herrn Nikolaus, und sag's", sekundiert der Opa. Ich nehme meine Mitra ab, die mich noch zwei Köpfe größer macht und setze mich auf den Boden. „Ich will's gar nicht wissen, was du gemacht hast, Oliver", versuche ich mein Bestes. „Ja, der Herr Nikolaus weiß es eh schon, es steht in seinem Goldenen Buch drin", versucht die Mama, meine Autorität zu retten. „Schmarrn, da steht gar nichts drin", sage ich bissig. Oliver schaut mich von der Seite an, seine Augen sind vom Weinen ganz aufgeschwollen. Ich glaube, er nimmt mich gar nicht richtig wahr. Mir ist plötzlich sehr elend zumute. Bilder aus meiner eigenen Kindheit tauchen vor meinem inneren Auge auf, Bilder von einem Nikolaus, der einen kleinen Buben festhält, ihn trotz seiner verzweifelten Gegenwehr packt und brutal in einen Sack steckt ...

„Was is jetzt?!", höre ich eine gereizte Stimme von weit her. Nur mühsam gelingt es mir, nicht aus der Rolle zu fallen. Was tun? Ich nehme den Zettel mit Olivers „Schandtaten" aus meinem Goldenen Buch und zerknülle ihn langsam. Ohne ein Wort stehe ich auf, ein kurzer Blickwechsel mit Oliver, und gehe. „Wie war's?", fragt mein Krampus, der im Auto gewartet hat. „Zum Kotzen", sage ich.

Bei Familie Nr. 7 riecht das ganze Haus nach Lebkuchen und Zimtsternen. Richtige St.-Nikolaus-Stimmung. Ich bin skeptisch. Die vier Kinder musizieren uns was auf ihren Blockflöten vor, Mama begleitet am Klavier. Es klingt schrecklich, aber der Papa strahlt übers ganze Gesicht. Wir setzen uns alle hin und jeder kriegt ein Glas Glühwein vorgesetzt („Heißt nur Glühwein", sagt der Papa, „in Wirklichkeit ist es heißer Gewürztee mit Orangensaft."). Mir gefällt's hier. Wir unterhalten uns so prächtig, als würden wir uns schon ewig kennen. Man erfährt, dass ich früher auch Flöte gespielt habe, und treibt zu meinem Entsetzen eine fünfte auf. Wir spielen gemeinsam ein Stück aus dem Singbuch. Ich kann das verdammte „B" nicht mehr. Die Kinder hüpfen vor Vergnügen auf und ab, dass der Nikolaus so falsch spielt. Leider müssen wir weiter.

Wir verfahren uns und kommen viel zu spät zur nächsten Familie. Man ist ziemlich sauer. Wir murmeln irgendwas Entschuldigendes in unsere Bärte und sind froh, dass wir schnell wieder draußen sind. Auch unser 9. Besuch verläuft recht rasch, trotz eines weiteren „Holler, Poller, Rumpelsack", das wir uns anhören müssen. Jetzt zum Schlosspark („Mei, sind wir froh, dass Sie es doch noch geschafft haben!"). Die angekündigten 14 Kinder sitzen in einem großen Kreis. Jedes hat irgendein Orff-Instrument vor sich stehen: Xylophon, Pauken, Rasseln und was es da sonst noch alles gibt. Ein älteres Schulkind mit einer großen Flöte gibt den Einsatz. Höchste Konzentration. „Schneeflöckchen, Weißröckchen". Kurz vor Ende des Stückes fällt einem Kind der Triangel aus der Hand. Vorwurfsvoller Blick der Dirigentin und das Ganze nochmal von vorne. Mein Krampus macht ein gequältes Gesicht. Endlich kommen wir dazu, unsere Geschenke loszuwerden. Wir sind überrascht, dass alle bloß ein Packerl mit Obst und Nüssen und einem kleinen Schokoladen-Nikolaus obendrauf kriegen. „Wahrscheinlich Anthroposophen oder sowas", raunt mir mein Krampus ins Ohr.

Schnell weiter. Der nächste Besuch ohne Krampus. Zwei kleine Mädchen, dreieinhalb und viereinhalb. Ich kriege ein selbstgemaltes Bild von der Kleineren („Für dich, Likolaus!"), und von der Größeren einen selbstgebackenen Lebkuchen-Engel, mit Augen und Nachthemdknöpfen aus bunten Smarties drauf. Gerne würde ich länger bleiben. Verdammter Zeitdruck. Ich erzähle, dass der Krampus draußen auf mich wartet. Warum er nicht reinkommt, fragt die Kleinere, ohne die geringste Ahnung zu haben, was denn ein Krampus ist. An der Hand gefasst kommen beide mit zur Tür. Ich hole meinen Freund aus dem Auto, damit sie ihn anschauen können. Die Größere läuft ins Haus zurück und kommt mit einem weiteren Lebkuchen-Engel zurück. Er hat zwar einen abgebrochenen Flügel, „aber das macht nix". Mein Krampus ist sichtlich gerührt und nuschelt etwas daher, dass er den Engel ganz oben an seinen Christbaum hängen wird. Obwohl er, wie ich weiß, gar kein Weihnachten feiert, sondern über die Feiertage und Neujahr irgendwo hinfliegt, wo's wärmer ist. Wir fahren weiter. Nur noch drei Familien heute.

Punkt vier am nächsten Tag stehen wir wieder auf der Matte. Die ersten paar Besuche wie gewohnt. Bei einem ist der Papa so besoffen, dass er gar nicht mehr gerade stehen kann („Gib' am Nikolaus aa a Glasl … Mogst an Schlivavitz, ha?"). Die Kinder schauen uns bloß mit großen Augen an. Ich bin froh, dass Nikolaus-Spielen nicht mein Hauptberuf ist.

Als nächstes sind Hempels dran, wo wir voriges Jahr schon mal waren. Die ganze Verwandtschaft ist versammelt. Mama Hempel hat heuer ein Gedicht verfasst, zweieinhalb Seiten lang, das ich nun vortragen soll:

> „Wie gerne kommt in dieses Haus,
> Der Krampus und der Nikolaus…"

Der Krampus hüstelt.

Jedes Familienmitglied wird mit einem Vierzeiler bedacht:

> „… Jetzt kommen wir zum Daniel,
> das ist ein rechter Dickschädel.
> Nie will er aufräumen sein Zimmer,
> die Mama muss da schimpfen immer."

Papa Hempel scheint kein Liebhaber von Poesie zu sein. Während meines gesamten Vortrages studiert er aufmerksam das Tapetenmuster an der Decke.

Schon wieder sind wir unter Zeitdruck. Wir rasen durch die Nacht. „Weißt du noch, unseren Unfall?", fragt mein Krampus. Vor vier oder fünf Jahren war uns an der Kreuzung da vorne ein Betrunkener ins Auto gefahren („Hihi, den Nikolaus hab' i dawischt…"). Uns war nichts passiert, aber das Auto war Schrott gewesen. Zu unseren weiteren Besuchen hatte uns damals ein Taxi hingebracht, achtzig Euro futsch. Ich fahre unwillkürlich langsamer.

Die nächste Familie: 12. Stock eines Hochhauses. Das Wohnzimmer ist so überheizt, dass ich nach zwei Minuten klitschnass bin unter meinem Chorrock. Auf dem Sofa, eingequetscht zwischen zwei Tanten mit gigantischen Wogebusen, sitzen zwei blasse Buben, einer etwa sieben, der andere um die neun. „Steht's auf und stellt's euch anständig hin!", herrscht eine der Tanten die beiden an. Die beiden stehen wie die letzten armen Sünder vor uns. Mehr als ein zaghaftes „Grüß Gott!" ist aus dem Älteren nicht rauszubekommen. Der Jüngere sagt gar nichts. Dafür reden die Tanten ununterbrochen. „Jetzt sind´S doch endlich einmal still", reißt meinem Krampus der Geduldsfaden, „wir sind wegen der Buben hier und nicht wegen Ihnen." „Genau", sagt der Papa, von dem man bisher überhaupt nichts gehört hatte. Verblüffenderweise halten die Tanten wirklich den Mund.

Der nächste Auftritt ist gleich ums Eck. Wir gehen zu Fuß hin. Vom anderen Ende des Blocks hastet uns ein Wattebart-Kollege entgegen: „Wisst ihr, wo Nummer 58b ist, verdammt?" Er hastet weiter. Wir werden schon unten an der Tür vom Papa erwartet: „Zoag'n Sie's eahna fei g'scheid!" – „Was…?", frage ich. „Ja, da deafan S' schon higlanga, b'sonders bei dem Größer'n, dem Mistkrüppel." – „Was … wie …?" – „Ja, mit der Rut'n halt, moan i", erklärt er und macht ein schnalzendes Geräusch mit der Zunge. Ich bleibe abrupt stehen. „Ohne uns", sage ich. Wir drehen uns um und gehen. „Halt, das können S´ doch den Kindern nicht antun!" Lautstarkes Fluchen verfolgt uns bis zum Taxi, das mit laufendem Motor auf uns wartet. Fröhliche Weihnachtszeit.

Die restlichen Besuche verlaufen routinemäßig. Einem sechsjährigen Buben sollen wir androhen, wir würden ihn holen kommen, wenn er weiter ins Bett pinkelt. Ich erzähle ihm, dass der Nikolaus noch mit acht ins Bett gepinkelt hat. „Und es ist doch was aus ihm geworden", ergänzt mein Krampus in Richtung Eltern. Der Sechsjährige weiß nicht recht, was hier gespielt wird, aber er strahlt uns an.

Einmal wird's noch unangenehm, als ein Mädchen vor uns nieder-knien und ein Gebet sprechen soll. Mit Mühe können wir's in das ge-meinsame Absingen eines Liedes umbiegen („Lasst uns frohoh uhund munter sein…").

Jetzt steht bloß noch der Kegelclub auf dem Programm. Hinter-zimmer einer Wirtschaft. Unerträglicher Zigarrenqualm. Gut zwei Dutzend älterer Herren sind hier versammelt, zwischen sechzig und ultimo („Habt's koa Engerl dabei?"). Man hat extra ein Rednerpult für uns aufgebaut, wo (nein, nicht schon wieder!!!) ein Gedicht über alle Anwesenden, fein säuberlich handgeschrieben, auf mich wartet. Wie gerne würde ich mir stattdessen ein weiteres Mal die Geschichte vom Rumpelsack anhören. Los geht's, und es ist noch viel furchtbarer als befürchtet:

> „Der Oberwallner Otto,
> spielt jede Woche Lotto.
> Der Merk Franz wohnt am Keilberg drauß'
> kommt nie vor Mitternacht nach Haus.
> Jetzt kommt der Pfeiffer Adi dran,
> hat immer Adiletten an."

Undsoweiterundsofort…

Nach jeder Strophe Beifall und Gejohle des ganzen Saales. Nach dem Gedicht kommt man zum Höhepunkt des Abends: Unter gro-ßem Jubel wird ein Sack unter einem der Tische hervorgezerrt, zu allgemeiner Überraschung ein „Krabbelsack". Jeder hat vorher ein Geschenkpackerl reingetan und darf sich nun wieder eins rausholen. Der Krampus und ich müssen den Sack aufhalten. Man steht brav in der Schlange, bis man drankommt („Naa, des nimm i net, des is des vom Nowack"). Wir warten's nicht mehr ab zu sehen, wer nun was bekommt. Ich verkünde, dass noch viiiele andere Besuche anstün-den, man müsse das ja verstehen. Dann treten wir den Rückzug an.

„Das hätten wir wieder", denke ich auf dem Heimweg, „gut, dass Nikolaus nur einmal im Jahr ist." Auch wenn wir heuer wieder ordentlich was für den Tierschutz zusammengebracht haben.

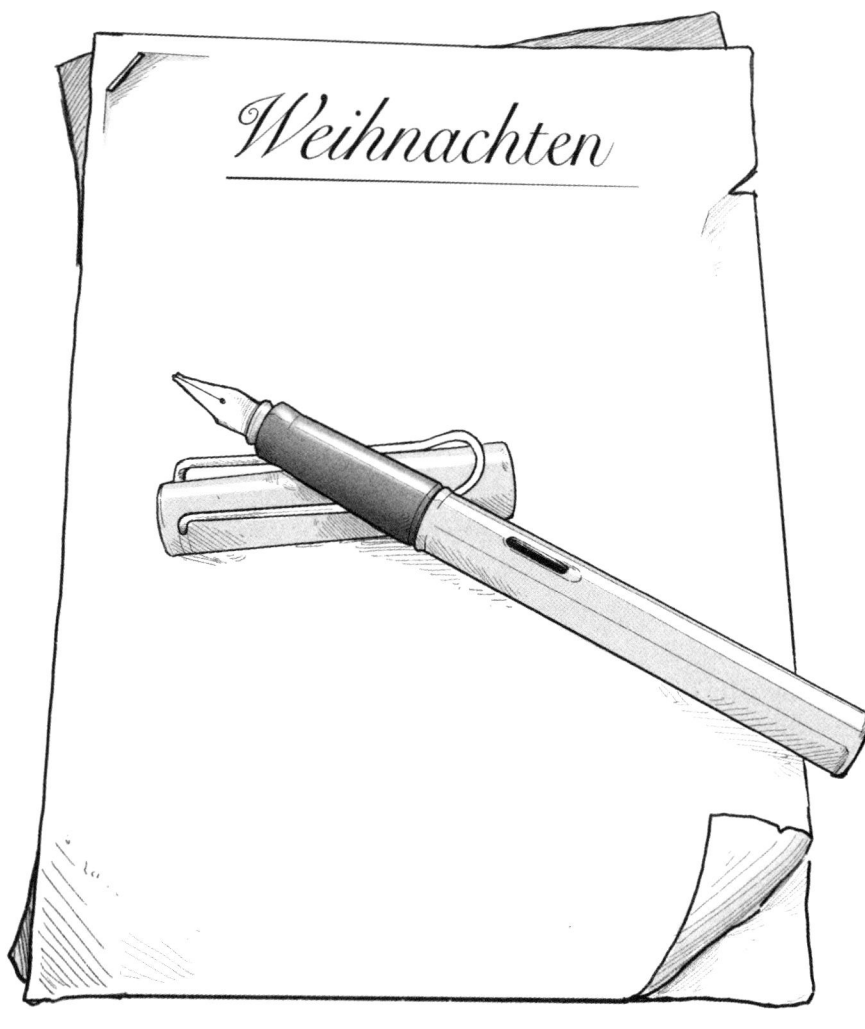

Weihnachten

Wolf Hamm

DAS LEERE BLATT

D er Vorstandsvorsitzende des „Kulturvereins Straubing e. V., gegründet 1914", bittet mich, für die Vereinszeitschrift eine „echte" weihnachtliche Geschichte ohne Alleluja-singende Engel, ohne Heilige Drei Könige mit Elefanten und Kamelen und ohne Stall mit Stern zu schreiben. Der weihnachtliche Gedanke soll „unverblümt" den Leser ansprechen. Am 20. Dezember erscheint das Heft; Abgabetermin für meinen Text: der 15. Dezember. Also fünf Tage Zeit.

Für mich, einen wenig bekannten Regionalschriftsteller, eine ehrenvolle Aufgabe. Auch eine kleine Summe ist versprochen, aber „nur bei Gefallen des Werks".

In der Stadtbücherei studiere ich Weihnachtsbücher. Viel Süßlichkeit, Helligkeit, Gutheit. Vielleicht finde ich den Geist der Weihnacht besser bei Menschen.

Also, hinaus in das bunte Leben in der Stadt.

Die Kälte lotst mich durch weihnachtliche Klangwolken des Tölzer Knabenchors, vorbei an den süßlichen Duftmarken der Glühweinverkäufer zum Fairtrade-Stand am Stadtturm, wo mir ein Früchte-Tee von innen heraus Wärme verschafft. Die Verkäuferin, wie ich um die sechzig Jahre, beginnt ein Gespräch mit mir. Zeit hat sie, denn alkoholfreie Getränke sind nicht gefragt.

„In unserer Kindheit gab es mehr Krippen, Rauschgoldengel und Holzspielzeug zu kaufen, weniger Alkohol. Wenn Männer viel Glühwein trinken, werden sie unerträglich", klagt sie. Ihr Mann, ein Buchhändler, habe zu viel getrunken. Das Geschäft sei bankrott gegangen. Dann jahrelange Krankheit des Mannes, dann sein Tod. „Da musste ich jede Arbeit zu jedem Lohn annehmen. Ein paar Jahre später: komplizierter Beinbruch. Ich hinke bis heute, und die unglaublichen Schmerzen."

Und sie erzählt und erzählt und nötigt mir großen Respekt ab, wie sie immer wieder ins normale Leben zurückgekehrt ist. Sie hat nie aufgegeben. Ist das nicht weihnachtlich? Ich gehe nach Hause und setze mich vor den PC. Nach den ersten Sätzen beschleichen mich Zweifel: Das mag als Patientengeschichte mit pädagogischem Zeigefinger durchgehen, weihnachtlich sind ihre Erlebnisse nicht. Das Festliche fehlt.

Ich mache mich erneut auf die Suche. Drei Tage habe ich noch Zeit für die höchstens 5000 Zeichen einschließlich Leerzeichen.

Ich erinnere mich an die „Mutter der Armen", eine Schwester des „Ordens der helfenden Hände", die mit achtzehn Jahren Nonne geworden ist und sich seither um die Asozialen, Penner und Alkoholiker kümmert.

Ich suche sie auf und frage: „Woher nehmen Sie die Kraft zu helfen?" Sie übergeht meine Frage und erzählt von einer siebzehnjährigen Schwangeren, die immer wieder von zu Hause ausreißt.

„Warum?"

Das Warum kümmere sie nicht, erläutert die Schwester. Es sei rückwärtsgewandt und bringe mehr Sorgen als Nutzen. Man müsse nach vorne blicken.

„Wohin?"

„Ein Ziel braucht der Mensch. Für uns Christen ist der Himmel das richtige Ziel."

„Das Paradies?"

„Sicherlich, die ewige Glückseligkeit in Gott."

***

Soll ich eine Erlösungsgeschichte schreiben, wie eine Drogenabhängige durch eine Vision „clean" wird und womöglich in den Orden eintritt? Das ist mir zu rührselig.

Vielleicht hilft mir der Besitzer der Schokoladenfabrik: ein großzügiger Mensch. Für seine Bilder der klassischen Moderne hat er ein Museum bauen lassen und das Gebäude und die Kunstwerke der Stadt geschenkt. Die hundert ärmsten Familien fahren jedes Jahr drei Wochen auf seine Kosten in den Urlaub.

Ich komme zu seiner Villa: Sie erstickt in einem regenbogenfarbenen Lichtermeer, das ganz New York hätte beleuchten können.

In dem Gespräch über seine Auffassung des Weihnachtlichen sagt er: „Gutes tun für viele. Mein Museum, meine Stiftungen, meine Wohnanlagen für Waisenkinder. Dazu braucht man Geld."

„Also ist Geld weihnachtlich?", frage ich.

„Aber sicher! Nur mit gutem Willen baue ich kein Kinderdorf in Afrika …"

Geld als Sinn für Weihnachten? Nicht mit mir.

Morgen ist Abgabetermin. Ich frage meine Frau, welchen Sinn sie in Weihnachten sieht. Sie winkt ab: „Schöne Worte machen ist dein Geschäft."

Bis zwei Uhr früh kämpfe ich um Einfälle, wandere durch unsere Zimmerchen und durchforsche mich und die Weltgeschichte auf das Wesen des Weihnachtlichen. Es gelingt mir der Durchbruch nicht.

Ein Traum weist mir den Weg: Ich sitze vor einem leeren Blatt Papier. Vor mir liegt ein Kugelschreiber. Hinter mir toben Höllengestalten hin und her und schreien: „Er weiß nicht, was Weihnachten ist. Verprügelt ihn!" Schweißgebadet wache ich auf: „Ja, jawohl, jetzt weiß ich, was Weihnachten wirklich bedeutet."

Ich nehme ein leeres Blatt, schreibe in meiner schönsten Schrift den Titel oben in die Mitte:

Weihnachten

Ich falte es ordentlich zusammen, stecke es in ein Kuvert und werfe es in den Briefkasten des Vorsitzenden des „Straubinger Kulturvereins e. V., gegründet 1914".

Am nächsten Morgen liegt ein Brief von ihm in meiner Post.

„Sehr geehrter Herr …"

Elfi Hartenstein

ROSA KALBT

Aufatmend stellt sie die Stiefel im Flur in die Ecke, schlüpft in die roten Filzpantoffeln und lässt sich im Zimmer auf die Bank vor dem Kachelofen plumpsen. Zwei Minuten Atem schöpfen, dann ab in die Küche und den Wassertopf in Gang bringen. Für den Tee am späten Nachmittag. Mit Rum. Draußen vor dem Fenster ist der Tag jetzt ganz verschwunden. Natürlich hatte der Bus wieder Verspätung. Wie schon die Tage vorher.

Die Warterei in der feuchten Kälte, den Blick straßauf und straßab gerichtet, nicht viel zu sehen außer ein Grüppchen Jugendlicher, die ihre Langeweile mit Smartphones in den Händen überspielten. Nicht viel los rundherum trotz in den Schaufenstern an Plastiktannenzweigen aufgehängtem Weihnachtsschmuck und über der Einkaufsstraße baumelnden Girlanden mit matt leuchtenden Sternen. Die Leute machen ihre Einkäufe lieber in den Aldi-Lidl-Netto-Edeka-Filialen am Stadtrand. Immerhin im Café am Rathausplatz einige Tische besetzt. Keine Bekannten dabei. Sie hat Cappuccino getrunken und sich ein Stück Stollen dazu bestellt. Vorvorgestern, vorgestern, gestern, heute. Die winterliche Tristesse beobachtet. Den Kopf geschüttelt und gefunden, es sei zum Davonlaufen.

***

Nicht dass damals alles nur toll war. Ewig die kalten Füße in den ungefütterten Schnürschuhen. Frostbeulen, die von Oma mit Schildkrötsalbe eingerieben wurden. (Wick-Vapo-Rup war für Brust und Rücken.) Die viel zu dünnen Wollfäustlinge mit Schneeklümpchen patschnass und triefend, kaum dass man mal einen Zaun entlanggestreift war. Das Prickeln, das einem Tränen aus den Augen trieb, wenn später in der Küche vor dem Herd alles wieder auftaute. Und die Erleichterung, wenn noch vor dem eiskalten Klo das pieselwarme Bächlein an den Beinen herunterlief. „Komm, Roserl, umziehen", eine Wolldecke rumgewickelt und schon wurde es besser. Keine Tränen mehr. So war das eben, als es noch Winter gab. Schnee- und Eiswinter, ohne Thermowäsche und Moonboots und Daunenanoraks. 15 Grad minus, manchmal nur 10, manchmal 20. Wie es sich gehörte.

Und als es noch Weihnachten gab. Jedenfalls etwas, was diesen Namen verdiente.

***

Last-Minute-Angebote für die Geschenke der Last-Minute-Unentschlossenen. X-MAS-SALE steht schon seit Beginn der Adventszeit in großen Lettern auf einem Banner über der Kosmetikabteilung im Kaufhaus. Große Namen auf großen Flacons. Guerlin, Lagerfeld, Calvin Klein, Dior, Joop!, Lancôme, Lacoste, Paco Rabanne, L´Oréal. Was man so braucht für Weihnachten. Besonderer Andrang herrscht auch in dieser Abteilung nicht. Nicht bei den Damenmoden. Nicht in der Spielzeugabteilung. Irgendwo dudelt ein Weihnachtslied, englischsprachig. Leuchtende Kinderaugen in froher Erwartung: Fehlanzeige.

Sie sieht es noch vor sich. Den ganzen endlos vorübertropfenden Tag, und dass, obwohl es draußen schon längst dunkel war, im Vorderhaus das Ladenglöckchen einfach nicht zur Ruhe kam. „Res, wir brauchen noch Senf. Und hättst vielleicht auch noch ein Glasl Meerrettich? Der Opa, du kennst ihn ja …" – „Schon gut, Christl, und frohe Weihnachten."

Vor fünf oder sechs Uhr war das ein Tag wie jeder andere. Man musste halt noch schnell einkaufen, weil die zwei Feiertage anstanden. Die mageren Schaufensterbeleuchtungen blieben noch bis in die Nacht hinein an, die kümmerlichen Straßenlaternen sowieso, außerhalb ihrer Lichtinseln herrschte Dunkel. Schneeberge an den Straßenrändern und vor den Hauseingängen, hartgetretener Schnee auf den Wegen.

***

Ab 14 Uhr sind die Geschäfte geschlossen. Die Angestellten dürfen nach Hause. Ihr Recht auf Weihnachten ist von Gewerkschaften und Ladenschlussgesetzen durchgesetzt worden. Wenigstens über die Weihnachtstage wird niemand ausgebeutet. Die Innenstadt liegt öde und tot. Wer noch unterwegs ist, hält den Kopf gesenkt, geht schnell und ohne sich umzusehen. Für Spätheimkehrer hat die eine oder andere barmherzige Kneipe noch bis sechs Uhr geöffnet.

***

Frohe Weihnachten. Die Fünfjährige kann kaum erwarten, dass alle am Küchentisch sitzen und mittendrauf die Schüssel mit den Wienern im heißen Wasser, und der Kartoffelsalat, und der Senf. Den Kartoffelsalat mag sie nicht. Die Mama hat gerade erst den Laden zugemacht und ist froh, dass die Lisa, die Große, schon den Tisch gedeckt und alles hingestellt hat, weil die Anni doch am Mittag heimgefahren ist zu ihren Leuten. Weihnachten. Gleich. Ein Seufzer. Nur der Vati hat noch zu tun. Er muss nachschauen, ob es der Rosa gut geht. Als sie ihn auf der Schwelle den Schnee von den Stiefeln klopfen hören, schauen sie sich an, die Res, die Lisa, das Roserl. Rosa Rosenrot, sagt der Vati manchmal zu ihr. Die Tür geht auf und plötzlich ist es viel heller. Das kommt von den strahlenden Augen, die jetzt alle haben. Als Letzte huscht noch die Oma herein, setzt sich neben das Kind. Endlich.

***

Vorletzte Woche war sie bei dem netten Mann in seinem Krimskramsladen, weil sie die alten Figürchen in seinem Fenster baumeln gesehen hatte. Ein bunter Nikolaus, ein Mini-Eisbär mit rotem Wollschal, ein stolzer Schwan, ein grünes Vögelchen mit Silberglitzer an den Flügeln und langem Federschwanz, ein winziger Rauschgoldengel, ein dreieckiges hölzernes Tannenbäumchen, rote Kügelchen mit Kunstschnee obendrauf, alle an Schnüren oder kleinen Ketten zum Aufhängen. Oder mit Klammer zum Anstecken. 15 Euro das Stück.

Sie hat ihm einen Karton vorbeigebracht. Ich hab auch noch ein paar von denen. Dass die Leute sowas trotzdem noch mögen… Hängen die das zwischen die elektrischen Lichterketten an ihre Plastikbäume?

Machen wir Halbe-Halbe, hat er vorgeschlagen, und sie hat nicht abgelehnt.

***

Das Kind isst schnell eine halbe Wienerwurst, mehr geht nicht. Es rutscht auf dem Stuhl hin und her. Die Mama verzieht den Mund zu einem Lächeln. „Schau doch mal nach", sagt sie zum Vati. Der steht auf, legt den Zeigefinger auf die Lippen. „Psst. Leise." Dann verschwindet er im Wohnzimmer. Alle starren auf die Tür, minutenlang, keiner sagt ein Wort. Das Kind baumelt die Füße hin und her. Hin und her. Es dauert so fürchterlich lang, bis sich die Tür einen Spalt öffnet, sanft, ganz sanft, drinnen singt in der Dunkelheit des Zimmers der Engelschor von der Schellackplatte „Einsam wacht nur das traute hochheilige Paar", und als die Tür jetzt ganz aufschwingt, steht er da, der nach Kerzenwachs duftende Tannenbaum im vollen Glanz, und die Engel singen lauter. Alle springen auf. Der Vati wartet in der offenen Tür, hat einen blitzenden Sternwerfer in der Hand und ein ganz glückliches Gesicht. „Gerade weggeflogen", sagt er. „Jetzt dürft ihr reinkommen."

Das Kind hat die Oma an der Hand gefasst, will ins Zimmer, aber dann doch nicht, der Baum mit den flackernden Kerzen hat es verzaubert, es trippelt von einem Fuß auf den anderen, und dass unter dem Baum Päckchen liegen, ist irgendwie gar nicht so wichtig. „Willst du nicht nachschauen, was dir das Christkind gebracht hat?", fragt die Mama. „Doch", sagt das Kind und rührt sich nicht von der Stelle. „Wir machen mal das Licht an", entscheidet die Mama. Und das war´s dann mit dem Zauber.

***

Seit fast fünfzehn Jahren wohnt sie wieder hier. Weil sie sich nach dem Tod der Mama nicht entschließen konnte, das Elternhaus zu verkaufen. Das Grundstück und den Stall hat sie hergegeben. Mit dem Geld das Vorderhaus auf die Höhe der Zeit gebracht und dabei auch einen Schreiner für die neuen Fenster beauftragt, die aussehen sollten wie die alten. Der Garten rundherum ist noch groß genug. Sie wird ja auch nicht jünger.

***

Jetzt essen alle Plätzchen und trinken Punsch. Und sind ziemlich müde. Niemand will ins Bett. Aber später, viel später, ist der Zauber zurück, als die Kirchenglocken läuten und das Roserl, Rosa Rosenrot, vom Vater wieder wachgestreichelt, an seiner Hand aus dem Haus tritt. Es hat seinen weißen Kaninchenmantel an und auf dem Kopf die dicke Pelzkapuze und um den Hals die Schnur, an der der weiße Fellmuff für die Fäustlingshände hängt. Nebeneinander gehen sie auf dem festgetretenen Schnee zur Kirche, wo auf dem Vorplatz schon viele Leute stehen und sich gegenseitig mit Handschlag frohe Weihnachten wünschen. Das Kind ist stolz, dass es mitgehen darf, und der Vati ist stolz auf das Kind. Die anderen sind daheim geblieben. Außer der Oma, die schon vorher von der Nachbar-Evi zum Ratschen abgeholt worden ist und nachkommen wird. „Mitternacht", hat die Mama gesagt und den Kopf geschüttelt, „weißt du eigentlich, wie lange ich schon auf den Beinen bin?"

Die Mama geht auch sonst nicht in die Kirche.

***

Warum die Katholiken heutzutage nicht mehr Christi Geburt zu dem tradierten Zeitpunkt in der Nacht vom 24. auf den 25. Dezember feiern? Haben die Gewerkschaften da auch ein Machtwort gesprochen? Oder sind die Pfarrer schlicht zu bequem geworden? Die Christmette war die Andacht zu diesem Anlass. Die Leute haben sich nicht abhalten lassen, mitten in der Nacht bei Eis und Schnee zur Feier des Ereignisses in ihre Kirche zu kommen. Zu Hauf, wie man sagt. Gut gelaunt und singwütig. Und sogar ohne Liederbuch oder Laudate, und wenn nötig sogar auf Lateinisch. Aber Latein gibt es in der Kirche inzwischen ebenso wenig wie Schnee zu Weihnachten. Was der liebe Gott sich wohl dabei gedacht hat?

Auch in diesem Jahr besteht keine Glatteisgefahr. Straßen und Gehwege sind trocken und sauber. Verkehrstote allenfalls aufgrund zu hohen Alkoholpegels zu erwarten. Mit Niederschlägen ist vor Neujahr nicht zu rechnen. Feuchtkalt ist es trotzdem, und neblig grau. Sie steht und wartet, dass der Bus endlich kommt. Zieht das Handy aus der Tasche. Keine neuen Nachrichten.

***

In der Kirche brennen tausend Kerzen, es riecht wie im Wald und nach dem Kerzenwachs, und ganz vorn, vor dem Altar – das Roserl sieht es, weil der Vati es auf die Schultern gesetzt hat und sie sich über seinen Kopf nach vorn beugt – steht das Kripplein mit dem Jesuskind und Maria und Josef und dem Ochs und dem Esel, und die Kirche ist gesteckt voll und alle singen von dem entsprungenen Ross und der gnadenbringenden Weihnachtszeit, es dröhnt und jubiliert, das Kind wundert sich, dass die Kirche nicht wackelt, und der Vati jubiliert ihm besonders laut ins Ohr. Alpha est et O-ho, alpha est et O. Es ist sehr, sehr, sehr spät, als sie wieder daheim sind und der Vati das Roserl ins Bett bringt. Den Stoffaffen hat es im Arm und die kleine goldglänzende Armbanduhr mit dem roten Lederband am Handgelenk, und jetzt ist Weihnachten vorbei.

***

Der Tee braucht noch einen Schuss Rum. Sie braucht noch einen Schuss Rum. Das Smartphone meldet sich. „Omimi?" Das ist Jette aus Paris. „Geht's dir gut? Bist du wirklich nicht allein heute Abend? Wir haben gerade … Marcel hat sich in deine Christbaumfigürchen verliebt. Die sind wirklich einzigartig. Sowas haben wir hier nicht. Ich hab ihn fotografiert. Foto kommt gleich. Lass es dir gutgehen, ja? Wir denken an dich." Urenkel Marcel. Olala. Wollten wir jemals so weit kommen, je so alt werden?

Tasse in der Hand, bleibt der Blick im Spiegel neben dem Kachelofen hängen. Ihr strubbeliger hennaroter Kopf. Sie zieht die Augenbrauen in die Höhe. Schönen Abend noch, Alte. Roserl, Rosa, Rosa Rosenrot.

Es klopft. Der nette Mann aus dem Krimskramsladen. Hat eine Flasche Sekt in der Hand. Lacht.

Es gibt noch mehr, sagt Rosa und lacht auch.

Am nächsten Morgen sind die Fenster voller Eisblumen und das Kind stapft im schmalen Lichtschein aus dem Hausflur hinter dem Vati her in den Stall, da ist es wärmer als im Vorderhaus, weil der Vati den Herd in der Küche erst vor fünf Minuten angezündet hat. Er hat drei Minuten gebraucht. Das Roserl hat die Minuten an der neuen Uhr abgelesen.

„Die Mama soll kommen", sagt der Vati, „ich brauch sie jetzt." Das Kind läuft zurück ins Haus. Hinter ihm muhen die Kühe. Rosa, Usch und Paula. Die wollen gemolken werden.

„Ist´s schon soweit?", fragt die Mama, springt in ihre Stallpantoffeln, schlingt sich den dicken Schal um die Schultern und ist auf und davon. Das Kind hinterher. Als es sich zur Stalltür reinquetscht, hört es den Vater sagen: „Es kommt. Zieh ein bissel, Res. Ja, so, alles gut, Rosa, alles gut. Brav. Bist doch unsere brave Rosa. Gleich hamma's."

Es geht so schnell, dass das Kind gar nicht merkt, was passiert ist. „Ein Stierkalbl", sagt die Mama und klingt irgendwie ein bissel enttäuscht. Sehen kann das Roserl das Kalbl nicht, weil die Usch und die Paula sich vordrängen. „Unser eigenes Christkind", sagt der Vati, wischt sich über die Stirn und hebt das Roserl hoch, und jetzt sieht es, wie die Rosa es ableckt und anstupst, dass es aufstehen soll. Aber es fällt ein paarmal um.

***

So war das, sagt Rosa Rosenrot.

Alles Geschichte, sagt der nette Mann aus dem Krimskramsladen. Vorbei. Unsere Geschichte.

Schön, dass wir sie gehabt haben, sagt Rosa.

Ingrid Kellner

ELISABETH UND DAS CHRISTKIND

Elisabeth hat's hinter sich, sie ist schon in Rente und aus dem Arbeitsleben raus. Jetzt will sie sich alle Wünsche erfüllen, für die sie nie Zeit hatte, z.B. öfter ins Theater gehen, Kurse in der Volkshochschule belegen und Städtereisen unternehmen. Auch mal woanders hin, über den Tellerrand, nicht nur immer in Niederbayerns Hauptstadt hängen bleiben. Das wär schön, besonders zu zweit. Wenn eine einen Mann an der Seite hat, geht doch alles viel leichter, denkt Elisabeth. Nun ja, ein Mann ist kein Zuckerschlecken, das weiß sie auch aus Erfahrung, aber ganz, ganz heimlich wünscht sie sich eben doch noch den Prinzen, der eines Tages an der Tür steht und klingelt und sagt: „Hier bin ich."

„Endlich", würde sie sagen, „du hast dir aber Zeit gelassen", und: „Komm doch herein!"

***

Es ist Sommer, ein strahlender Sommermorgen, die Balkonblumen sind schon gegossen, das Radl frisch aufgepumpt und das Badezeug hergerichtet, da klingelt es.

Es wird doch nicht … Elisabeth schaut durch den Spion. Nein, niemand. Es klingelt wieder. Blöde Klingelputzer, denkt Elisabeth und meint damit die Nachbarskinder. Verärgert reißt sie die Tür auf. Da steht – nein, kein Prinz, sondern ein Kind. Ein Kind im weißen Wintermantel mit goldgeschnürten Stiefelchen, die pelzgesäumte Kapuze tief übers Gesicht gezogen.

„Aber hallo, wer bist du?", will Elisabeth wissen.

„Das Christkind. Darf ich reinkommen?"

„Du bist früh dran", meint Elisabeth sarkastisch.

„Entschuldige", sagt das Christkind, „aber mir war im Himmel so langweilig. Immer nur Manna trinken."

„Und Halleluja singen", ergänzt Elisabeth.

„Luja!", ruft das Christkind lachend. Es blickt zu Elisabeth hoch. Seine Augen, diese Kinderaugen. In die möchte man schauen und die eigene, verlorene Freude an Weihnachten wiederentdecken wie in einem Spiegel, denkt Elisabeth. Aber jetzt ist Hochsommer. „Komm doch rein und zieh den Mantel aus!", sagt sie. „Du schwitzt dich ja zu Tode."

Das Kind schlägt die Kapuze zurück und Engelshaare quellen hervor. Es schlüpft aus dem Mantel und flattert mit den Flügeln. „Die sind unterm Mantel immer so eingezwickt", erklärt es der fassungslosen Elisabeth.

Das Christkind trägt einen rosafarbenen Bikini mit Glitzersternchen. „Nimmst du mich mit ins Schwimmbad?", fragt es. „Bitte!"

Elisabeth schluckt. „Na klar", sagt sie tapfer, klemmt das Christkind auf den Gepäckträger und radelt mit ihm in die Schwimmschule. So heißt das hiesige Freibad.

Ein Erwachsener, ein Kind, macht sieben fünfzig.

Das Christkind stürzt sich jubelnd und ungestüm ins Wasser, dass es schäumt und spritzt, dann geht es unter wie ein Stein. Das Christkind kann nicht schwimmen. Der Bademeister rettet es. Elisabeth wickelt das chlorwasserspuckende Christkind in die Badedecke und rubbelt es trocken.

„Das arme Kind", sagt der Bademeister, „es ist am Rücken wohl ein wenig behindert. Aber ich könnte ihm durchaus Schwimmunterricht geben."

„Es ist das Christkind", erklärt Elisabeth. „Es ist nicht behindert. Das sind seine nassen Flügel."

„So, so", sagt der Bademeister, „verstehe." (Auch noch eine kopfbehinderte Frau.)

Die Haare des Christkinds sind tropfnass, man kann seine Segelfliegerohren sehen. Plötzlich hört es Elisabeth knurren. „Hunger", stöhnt das Christkind.

„Ach je", sagt Elisabeth.

„Kein Problem", sagt der Bademeister, „ich besorg schnell was." Er kommt mit Pommes und Ketchup und einem Paar Wiener mit Senf und Brot zurück. Das Christkind staunt. Es hat noch nie Pommes mit Ketchup oder Wiener mit Senf und Brot gegessen. Es kennt nur Christstollen, Elisenlebkuchen, Mandelspekulatius, Vanillehörnchen, Husarenkrapferl, Kokosmakronen, Spritzgebäck, Zimtsterne et cetera. Überglücklich schlingt das Christkind die Pommes und auch die Würstel hinein und schmiert sich Ketchup und Senf bis zu den abstehenden Ohren. Elisabeth und der Bademeister schauen fasziniert zu.

Das Christkind rülpst ein bisschen und sagt: „Danke!"

„Gern geschehen", sagt der Bademeister und erklärt, dass morgen sein freier Tag sei und ob sie schon etwas vorhätten. Sie könnten spazieren gehen und anschließend zum Kaffeetrinken oder in einen Biergarten, falls Elisabeth das lieber wär.

„Eins nach dem anderen", sagt Elisabeth.

Wieder zu Hause verrät das Christkind, dass es gut im Wünscheerfüllen sei, und ob ihr der Bademeister recht ist, die Prinzen waren gerade aus.

„Er ist ein netter Mann", lächelt Elisabeth, „und im Sommer für einen Biergarten gerade recht."

Das Christkind fragt, ob es noch ein paar Tage bleiben darf und wie Pistazien-Eis schmeckt oder Maracuja. Sie probieren alle Sorten aus und das Christkind ist voll glücklich. Und Elisabeth ebenso.

Julia Kathrin Knoll

DAS VERTAUSCHTE CHRISTKIND

Früher, wenn die Regensburger Kinder ihre Eltern fragten, woher denn ihre Geschwister kämen, erzählte man ihnen, sie würden aus dem Brunnen des Doms gefischt. So entstand die Legende des Dombrunnens. Von dieser Legende handelt die folgende Geschichte:

„Schhhh … Ist ja gut … Ruhig …" Leise vor sich hinmurmelnd wiegte Lena ihren Bruder in den Armen, aber es half alles nichts: Der kleine Hansi wollte und wollte einfach nicht aufhören zu schreien! Alles hatte sie schon versucht: das Fläschchen, frische Windeln, die Lieblingsrassel des Kleinen und sein Schlaflied. Doch Hansi brüllte seit Stunden, und je lauter sein Geschrei wurde, desto mehr wuchs Lenas Verzweiflung.

Seit Mama im Himmel wohnte, musste sie sich um den ganzen Haushalt alleine kümmern. Um die Wäsche, das Essen … und den kleinen Hansi. Dabei war sie doch selbst gerade mal neun Jahre alt! Der Vater, der den ganzen Tag arbeitete, und die älteren Brüder, die andauernd im Kneitinger herumlungerten, waren auch keine große Hilfe. Es war so ungerecht!

Dabei wäre sie viel lieber mit ihren Freundinnen spielen gegangen. Gerade heute, wo es in der Stadt so schön geschneit hatte, und die Mädchen zum Christkindlmarkt hatten gehen wollen!

Mit einer Mischung aus Wut und Überforderung starrte sie auf das verzerrte Gesicht des Brüderchens, das vom vielen Schreien schon ganz rot war.

Sie wusste, er vermisste die Mama, aber Lena vermisste sie doch auch! Kurzerhand packte sie den Kleinen in den Kinderwagen, was immerhin eine kurze Schrei-Pause zur Folge hatte. Vielleicht würde ein Ausflug an der frischen Luft ja helfen! Und vielleicht, so überlegte sie, sollten sie einfach die Mama auf dem Friedhof besuchen. Lena hatte zwar nie verstanden, wie die Mama gleichzeitig im Himmel und auf dem Friedhof wohnen konnte, aber Papa hatte gesagt, auf dem Friedhof konnte sie der Mama nahe sein. Und Mama wusste ganz bestimmt einen Rat!

Eifrig schob sie den Kinderwagen aus dem windschiefen Haus in der Heiliggeistgasse, nicht ohne die schönen Sterne, Lichter und Schneeflocken zu bewundern, mit denen die Fensterscheiben der anderen Häuser geschmückt waren. Da öffnete sich plötzlich eines dieser Fenster, und eine vertraute Stimme rief: „He, Lena!"

Das Mädchen verdrehte die Augen, während Toni, der Nachbarsjunge, den Kopf nach draußen streckte.

„Schreit der Kleine mal wieder?" Toni deutete auf den Kinderwagen und grinste schadenfroh. „Vielleicht kannst ihn ja umtauschen, he?" Er lachte meckernd.

Lena blickte auf. „Umtauschen?" Sie konnte Toni zwar nicht ausstehen, aber ihre Neugier war dennoch geweckt.

„Ja, weißt du denn nicht, wo die Kinder herkommen?", fragte Toni überheblich.

Lena wusste es nicht. Sie hatte den Papa schon oft danach gefragt, aber der hatte immer nur ausweichend geantwortet, sie sei noch viel zu klein, um solche Dinge zu begreifen. Allerdings wollte sie ihr Unwissen nicht ausgerechnet vor Toni zugeben, und so schwieg sie verbissen.

Aber Toni hatte sie bereits durchschaut. „Aus dem Dombrunnen holt man sie!", erklärte er großspurig. „Sie stammen direkt aus dem Himmel, und wenn sie dort fertig sind, dann bringen die Engel sie in den Brunnen, und dort kann man sie dann rausfischen! Und wenn dir eins nicht gefällt, dann kannst du's doch einfach zurückbringen!"

Lena schwirrte der Kopf. Wirr hallten Tonis Worte in ihren Gedanken nach: zurückbringen … in den Brunnen. Und der Himmel! Der Ort, an dem die Mama wohnte, wenn sie nicht gerade auf dem Friedhof war.

Das musste die Lösung sein! Lena musste den kleinen Hansi nur zum Brunnen bringen, damit die Mama ihn mitnehmen konnte. Dann musste der Kleine die Mama nicht mehr vermissen und auch nicht mehr schreien. Und sie, sie könnte sich dann vielleicht sogar ein Schwesterchen aus dem Brunnen fischen! Lena hatte sich schon immer ein Schwesterchen gewünscht. Eines, das nicht so viel schrie wie der dumme Bruder, sondern ganz lieb und brav war. Wie eines der Engelchen, die sie neulich beim Krippenspiel gesehen hatte, sollte es aussehen. Mit glänzend schönen Haaren, die Lena ihm dann frisieren und zu hübschen Zöpfen flechten konnte.

Plötzlich erfasste sie eine große Aufregung. Hastig schob sie den Kinderwagen durch das Schneegestöber Richtung Dom. Tonis böses Kichern, das hörte sie gar nicht mehr.

* * *

Etwa zur selben Zeit sprach die zehnjährige Marie vor dem Geburt-Christi-Altar im Dom ein inniges Gebet. Voller Sehnsucht starrte sie auf das Altarbild mit Maria, Joseph und dem Jesuskind. Zu Hause hatten sie eine Krippe, in der bald ebenfalls ein Kindlein liegen würde, allerdings war es nur eine Puppe. Marie jedoch wünschte sich so sehr ein echtes Geschwisterchen zu Weihnachten! Jeden Tag kam sie zum Dom, blickte in den Brunnen und fand ihn leer vor. Dann zündete sie eine Kerze an und betete. Ganz versunken war sie und bemerkte dabei gar nicht, wie die anderen Besucher des Doms ein- und ausgingen.

Heute jedoch schreckte sie plötzlich ein Geräusch aus ihrer Andacht: ein leises Wimmern!

Hastig stand sie auf und drehte sich um. Das Wimmern wurde lauter! Konnte es sein … war das ein …? Schnell lief sie zum Dombrunnen. Und tatsächlich! Dort lag ein Baby! Eingewickelt in eine blaue Decke, die Fäustchen gereckt, die blauen Augen unsicher zu ihr aufblinzelnd.

Maries Herz begann heftig zu klopfen. Waren ihre Gebete etwa erhört worden? Und das noch vor dem Heiligen Abend? Verstohlen sah sie sich um, aber sie konnte niemanden im Dom erkennen. Sie war allein mit dem greinenden Kind. Kein Zweifel: Es war das Geschwisterchen, das sie sich gewünscht hatte!

Behutsam nahm sie das Baby an sich und wiegte es in den Armen. Es wurde sofort still, blickte sie ruhig und strahlend aus seinen großen Augen an.

Marie wurde warm ums Herz. Endlich war sie nicht mehr allein! Endlich hatte sie ein Geschwisterchen, um das sie sich kümmern und das sie liebhaben durfte!

Wispernd sprach sie ein eiliges Dankgebet. Dann huschte sie freudestrahlend aus der Kirche.

***

Am Abend desselben Tages rannte die kleine Lena verzweifelt auf dem Domplatz umher und weinte bitterlich. Oh, was hatte der Vater mit ihr geschimpft! Oh, was hatten die Brüder über sie gelacht! Den kleinen Hansi einfach ausgesetzt habe sie, eine Schande sei sie und ein dummes kleines Ding, hatten sie ihr vorgeworfen.

Aber sie hatte ihn doch nur gegen ein Schwesterchen umtauschen wollen! Und sie hatte doch nicht gewollt, dass ihm etwas passierte! Sie hatte ihn nur zur Mama schicken wollen! Im Dombrunnen war zwar kein Schwesterchen gelegen, doch in den nächsten Tagen wäre es bestimmt noch aufgetaucht. Im Himmel hatte man jetzt zur Weihnachtszeit sicher sehr viel zu tun, da konnte man nicht erwarten, dass die Produktion von Geschwisterchen derart schnell vonstattenging.

Aber all das hatten der Vater und die Brüder gar nicht hören wollen. Dieser ganze Unsinn mit dem Dombrunnen, hatten sie gesagt, das sei ohnehin nur ein Ammenmärchen und Lena eine dumme Gans, wenn sie so etwas glaubte.

Und so war Lena verzweifelt zum Dom gelaufen, um zu sehen, ob der Bruder noch da war. Aber er war verschwunden! Auch der Pfarrer wusste nichts von ihm. Niemand schien ihn gesehen zu haben. Schluchzend ließ sich Lena vor dem Südportal auf einer Stufe nieder, vergrub das Gesicht in den Händen, und weinte haltlos.

„Warum weinst du denn?", fragte da plötzlich eine unsichere Stimme.

Lena sah auf und blickte in das Gesicht eines etwa gleichaltrigen Mädchens mit blonden Zöpfen und freundlichen braunen Augen, die rot umrandet waren, so als habe auch sie vor Kurzem geweint. Das Mädchen trug ein Bündel im Arm, eingewickelt in eine blaue Decke, das sie eng an sich presste.

Lena fuhr auf, als sie die Decke erkannte. Und im selben Moment erkannte sie auch, dass es Hansi war, der in der Decke steckte, friedlich schlafend!

„Hansi!", schrie sie überglücklich. „Du hast ihn gefunden!"

Das fremde Mädchen starrte sie an. „Ist das … ist das etwa dein Bruder?", fragte sie stockend und fing plötzlich zu weinen an. „Oh Gott, es tut mir ja so leid! Ich wollte ihn nicht wegnehmen, ehrlich!", schluchzte sie aufgelöst. „Ich hatte mir doch so sehr ein Geschwisterchen gewünscht! Und ich dachte doch … ich dachte doch nur, der Dombrunnen hätte mir endlich eins geschickt!"

„Dann hast du das mit dem Brunnen auch geglaubt?" Lena riss die Augen auf.

Atemlos erzählten sich die beiden Mädchen ihre Geschichten, sie weinten und lachten, während der kleine Hansi friedlich schlummerte und von der ganzen Aufregung nichts mitbekam.

„Du, Lena?", fragte Marie schließlich. „Wenn du dir so sehr eine Schwester wünschst … vielleicht könnte dann ja ich deine Schwester sein?"

Lena strahlte. „Ja, das wäre schön! Und wenn du den Hansi so liebhast, dann kannst du ja mal auf ihn aufpassen, wenn du magst!"

„Oh ja!" Marie lachte glücklich.

***

So hatte der Dombrunnen tatsächlich ein Weihnachtswunder bewirkt und den beiden eine Schwester geschenkt. Marie hatte sogar noch einen Bruder dazu gewonnen.

Die Legende des Dombrunnens ist heute aber zum Glück in Vergessenheit geraten.

Carola Kupfer

DER WEIHNACHTSRÜCKEN

Als es an der Tür läutete, warf sie einen Blick in den großen Flurspiegel. Zufrieden nickte sie sich selbst zu: Das hellgraue Tweet-Kostüm stand ihr immer noch. Es saß gut, obwohl sie im letzten Jahr etwas abgenommen hatte. Das sei normal in ihrem Alter, hatte der Hausarzt ihr versichert, sie müsse sich keine Sorgen machen. Aber so ganz konnte sie es nicht glauben. Schließlich spürte sie, dass sich ihr Körper seit Beginn der kalten Jahreszeit kontinuierlich veränderte – so als ob ihn etwas von innen heraus aushöhlte. Und das war sehr beunruhigend.

Trotzdem sah sie heute Abend nicht schlecht aus. Die hellblaue Satinbluse mit der opulenten Schluppe passte perfekt zum grauen Tweed – und der kecke Hut, den sie leicht schräg an ihrem Dutt fixiert hatte, erinnerte sie an ihre Zeit als Stewardess, ihre glücklichen Jahre. „Fräulein Hildegard, bitte bringen Sie mir doch noch einen Tomatensaft!" Wie oft hatte sie diesen Satz gehört und freundlich lächelnden Geschäftsmännern ein Getränk gebracht, das eigentlich albern war. Tomatensaft! Aber es gehörte eben irgendwie dazu. Ja, sie hatte ihren Beruf geliebt. Allein das Gefühl, in der blauen Uniform zu etwas großartigem Ganzen zu gehören, war es wert gewesen. Jeden Tag aufs Neue, jahrzehntelang.

Sie seufzte. Es war schon lange her.

Wieder läutete es, diesmal energischer.

„Ich komme sofort!", flötete sie in die Sprechanlage und griff nach ihrem Cape. Zusammen mit den festen Schuhen war sie auch für Kälte und eisglatte Gehwege gerüstet.

Draußen hatte es angefangen zu regnen. Knapp über null Grad, schätzte sie. Es war sehr ungemütlich und sie schlüpfte so schnell es ging ins Taxi auf die Rückbank.

„Wohin soll es denn gehen?", brummte der Fahrer freundlich, immerhin.

„St. Raphael bitte." Sie lächelte ihn im Rückspiegel an.

„Familie?", fragte er mitfühlend.

„Ja." Ihre Antwort fiel so knapp aus, dass der Fahrer offenbar die Lust an einem Gespräch verlor. Er griff an die Decke, knipste das sanfte Licht aus und setzte einen Blinker. Bevor er vorsichtig anfuhr, drückte er noch am Radio herum. Der Lokalsender brachte um diese Zeit ein Konzert der Domspatzen. „Es ist ein Ros' entsprungen", tönte es im hellen Chor in den Fond. Sie summte leise mit, wie schön.

Kurze Zeit später fuhren sie durch die beinahe menschenleere Stadt. Interessiert starrte sie durch die verregneten Seitenfenster hinaus. Trotz der abendlichen Dunkelheit waren die Straßen hell erleuchtet: In vielen Geschäften blinkte eine Weihnachtsdekoration, überall standen beleuchtete Figuren oder kleine Bäume in den Fenstern. Manchmal erhaschte sie im Vorbeifahren auch das unregelmäßige Flackern echter Kerzen hinter einem Fenster, aber das war eher selten geworden. Schade, dachte sie, es war eben alles anders geworden.

„Ich setze Sie am Haupteingang ab, OK?" Der Fahrer bremste unter dem Backstein-Vorbau, der den Eingang in die Klinik vor Wind und Wetter schützte.

„Danke", murmelte sie und nestelte ihr altmodisches Portemonnaie mit dem goldenen Clipverschluss hervor. „Was bekommen Sie?"

„Zwölfsechzig."

„Machen Sie dreizehn", sagte sie, während sie ihm zwei Scheine nach vorne reichte. „Oder nein, fünfzehn", korrigierte sie sich. „Heute ist ja Weihnachten." Dann öffnete sie die Tür, ehe der Fahrer ihr helfen konnte, und stieg erstaunlich flink aus dem Wagen. Er schaute ihr hinterher. Nette alte Dame, dachte er sich, ob sie wohl ihren Mann besuchte? Wie schade für sie, Weihnachten nicht daheim verbringen zu können.

Als sie hinter der zweiten automatisch öffnenden Glastür das Foyer betrat, atmete sie tief durch und orientierte sich. Das Krankenhaus hatte den Eingangsbereich geschmackvoll dekoriert: Ein dezent beleuchteter Christbaum stand hinter der Sitzecke beim Besuchercafé – und an der Information flackerte sogar eine echte Kerze hinter der Glasscheibe. Katholisch-gemütlich nannte sie das gerne und dachte dabei an ihre puritanisch geprägte Kindheit in Norddeutschland. Wie gut, dass sie damals mit ihrem Mann nach Regensburg gezogen war. Ach Herbert, sie kämpfte mit den Tränen.

Der diensthabende Mitarbeiter war am Telefon und suchte etwas in seinen Unterlagen, während er dem Anrufer mit ungeduldiger Stimme irgendetwas erklärte. So konnte sie unbemerkt am Empfang vorbeihuschen. Sie kannte den Weg ohnehin: rechts den langen Gang entlang und am Ende noch einmal rechts halten.

Die anderen waren schon da. Verblüfft blieb sie stehen. War sie so spät losgefahren? Ihr Blick glitt durch den Raum. Die Wände erschienen ihr frisch gestrichen, sie leuchteten in einem hellen und freundlichen Gelb. Es gefiel ihr. Außerdem hatte man den Wartebereich neugestaltet: Anstelle der Wartereihen mit den unbequemen Kunststoffstühlen Rücken an Rücken gab es nun Sitzinseln und gemütliche Gruppen. Die alten Stühle waren zwar auch noch da, aber standen gestapelt an der Wand. Sie kamen wohl nur zum Einsatz, wenn viel los war, vermutete sie.

Heute war normaler Betrieb für Heiligabend: Zwei Familien mit jeweils einem Kind warteten in der bunt gestalteten Kinderecke. Ein dick eingepackter Säugling wimmerte auf dem Arm des Vaters leise vor sich hin. Das andere Kind, ein Mädchen, schätzte sie auf Grundschulalter. Es blätterte geduldig in einem Buch. Die dazugehörige Mutter hatte die Lippen fest aufeinandergepresst und beobachtete die Kleine streng, während der Mann an ihrer Seite ungeduldig mit den Füßen wippte. Wer von denen wohl krank war?

Auf der anderen Seite des Raumes saßen drei ältere Menschen beieinander und unterhielten sich. Lächelnd näherte sie sich der Gruppe.

„Hildegard, du bist aber spät heute! Ist dir ein Weihnachtsmann dazwischengekommen?", begrüßte sie Mathilda aufgekratzt. Ihr rot angelaufenes Gesicht verriet auf den ersten Blick, dass sie sich heute schon den einen oder anderen Korn genehmigt hatte.

Die anderen lachten leise, während Hildegard sich vornehm das Cape von den Schultern gleiten ließ und in einem der niedrigen Sessel Platz nahm. Dabei seufzte sie schwer: „Ach nein, diesmal ist es mein Rücken."

„Oh, du Ärmste." Mitfühlend beugte sich ein älterer Herr vor. Er war sehr nachlässig gekleidet und müffelte etwas. Hildegard verzog angewidert das Gesicht. Holger war immer sehr nett, aber konnte seine Herkunft leider nie verbergen. Dabei waren die städtischen Unterkünfte inzwischen recht gut ausgestattet, wie sie von Mathilda wusste.

„Schicke Bluse", kam es leise aus dem Hintergrund. Hildegard hob den Kopf und entdeckte Josef, der ganz hinten in der Ecke kauerte.

Sie bedankte sich mit einem Lächeln. Josef war ein Gentleman, und das schon immer. Früher hatte er mit seiner Frau den Kurzwarenladen ganz in der Nähe gehabt. Doch erst war seine Frau qualvoll an Lungenkrebs gestorben und dann hatte er den Laden aufgeben müssen. Seither traf sie ihn nur noch selten in der Stadt; am ehesten noch im Park, wo er ab und zu die Tauben fütterte. Sie hatte schon manches Mal darüber nachgedacht, ihn einfach einmal zum Kaffee einzuladen, sich aber nie getraut. Schade eigentlich, Josef war wirklich ein netter Kerl und hatte gutes Benehmen.

„Elisa Hartmann, bitte!"

Das kleine Mädchen ließ das Buch vor Schreck fast fallen und sprang auf. Die Mutter nahm es energisch an die Hand und steuerte zielstrebig auf die Krankenschwester zu. Der Mann schlurfte missmutig hinterher.

Fast zeitgleich ging die Tür eines zweiten Behandlungszimmers auf. Eine junge Ärztin winkte die Familie mit dem Säugling hinein. Das Kind fing augenblicklich an zu schreien.

„So, jetzt sind wir wohl unter uns, nicht wahr?" Holger schaute sich zufrieden um. Dann wühlte er in seinem Rucksack und fischte vier kleine Flaschen Cognac hervor. Die hatte er an einer Supermarktkasse mitgehen lassen, vermutete Hildegard.

„Zeit zum Anstoßen", befand er und verteilte seine Schätze.

Als alle den Schraubverschluss geöffnet hatten, gab Holger das Kommando: „Stille Nacht und weg damit!"

Mit einer ruckartigen Bewegung warf Hildegard ihren Kopf in den Nacken und kippte dadurch den Inhalt des Fläschchens, das sie zwischen die Lippen geklemmt hatte, auf einmal in sich hinein. Es brannte ein bisschen und schmeckte irgendwie verboten. Dann wurde ihr von innen wohlig warm. Sie zog ein kleines Stofftaschentuch aus der aufgesetzten Seitentasche ihres Jäckchens und tupfte sich vornehm die Lippen ab. Contenance bewahren war der sicherste Weg, stilvoll zu altern.

„Uiih, die feine Dame!", stichelte Holger sofort los. Immerhin fiel es ihm auf. Trotzdem ignorierte sie ihn und wandte sich Mathilda zu. Josef hingegen lächelte sie verständnisvoll an. Vielleicht sollte sie es doch einmal mit einer Einladung wagen.

Doch ehe sie ein Gespräch mit Mathilda beginnen konnte, öffnete sich die Tür zum Behandlungszimmer wieder. Die Familie mit dem kleinen Mädchen kam heraus. Der Mann wirkte sehr wütend und zerrte das Kind hinter sich her. Die Mutter schaute noch ernster als zuvor. Warum die wohl hier waren, fragte Hildegard sich.

„Der Nächste bitte!" Ein junger Arzt blickte fragend in die Runde. Weder Mathilda noch Josef oder Holger rührten sich vom Fleck. Die waren ja lustig! Schließlich saßen sie hier in einem Krankenhaus und warteten. Allerdings ging es heute ziemlich schnell, ganz anders als sonst.

Es half ja nichts, Hildegard erhob sich langsam. Sie stöhnte dabei hörbar und ließ sich Zeit. So konnte der junge Kerl – war er überhaupt schon ein richtiger Doktor? – gut sehen, wie schlecht es ihr ging. Sie griff mit einem gequälten Gesichtsausdruck nach ihrem Cape und schlich in gebeugter Haltung zum Behandlungszimmer. Dabei nahm sie durchaus das Grinsen in den Gesichtern der anderen wahr. Aber die kamen auch noch dran.

„Guten Abend, was haben wir denn?", fragte der junge Mann sie jovial und bat sie hinein. Sie ignorierte die Hand, die er ihr reichte, und nuschelte einen knappen Gruß, während sie sich an ihm vorbeidrückte. In diesem Zimmer war sie zuvor noch nie gewesen: Es war sehr klein und bestand nur aus einer Liege und einem Sideboard, sah man einmal vom Rollhocker des Arztes ab. Eine weitere Tür führte nach hinten, wahrscheinlich ins Krankenhaus hinein. Sie wusste nicht, wohin, und schaute ihn fragend an.

„Vielleicht nehmen Sie gleich auf der Liege Platz?", unternahm er noch einmal einen überfreundlichen Versuch, mit ihr ins Gespräch zu kommen. Was war das denn für ein Anfänger? Schweigend und mit vorwurfsvollem Blick stellte sie sich vor die Liege.

„Ach, Entschuldigung." Endlich hatte er auch bemerkt, dass die Liegefläche ihr bis zur Taille reichte. Er konnte wohl nicht erwarten, dass sie in ihrem Alter dort hinaufkletterte! Außerdem hatte sie Rücken.

Der Arzt zog einen Fußschalter unter der Liege hervor und fuhr sie hinab. Vorsichtig nahm sie auf der Kante Platz und drapierte ihr Cape neben sich, als handle es sich um einen kostbaren Pelz.

„Nun?", fragte der junge Mann noch einmal, „wo drückt denn der Schuh? Und wie ist Ihr Name bitte?"

„Frohe Weihnachten erst einmal!", schleuderte sie ihm unfreundlich entgegen. Der musste noch viel lernen. Schließlich war Heiligabend.

„Schön wär's", antwortete er hingegen schulterzuckend. „Für mich ist hier ein ganz normaler Nachtdienst." Fast tat er ihr ein wenig leid, doch es ging ja nicht um ihn.

„Mir ist es in den Rücken geschossen, als ich die Geschenke unter dem Baum aufstellen wollte", erklärte sie ihm. „In etwa hier. Clausen ist mein Name übrigens." Sie zeigte auf eine Stelle links der Lendenwirbelsäule. „Und wie heißen Sie?", schob sie nach. Er hatte sich nämlich nicht vorgestellt. Unerhört.

„Ähm ja. Dr. Schwarzbauer." Wieder reichte er ihr die Hand, diesmal konnte sie nicht anders und ergriff sie. Er hatte einen festen Händedruck, immerhin.

„LWS-Schmerz also", fuhr er fort. „Kribbelt es irgendwo in den Beinen oder haben Sie Taubheitsgefühle?"

„Nein." Sie antwortete nur das Nötigste, das hatte sich bewährt. Dann wäre Röntgen der nächste Schritt – und ausreichend Wartezeit.

„Gut, dann zeigen Sie mal her. Was war denn drin in den Paketen?", fragte Schwarzbauer sie plötzlich völlig überraschend, während er sie mit einer Armbewegung bat aufzustehen.

„Wie bitte?" Irritiert starrte sie ihn an.

„Na, das Geschenk, bei dem es passiert ist!" Er lächelte freundlich. Eigentlich war er ein netter Kerl.

„Ach so. Das war für meinen Herbert. Eine neue Dampflok. Ganz schön schwer, das Teil." Sie seufzte. Die hatte er sich immer gewünscht.

„Oh, da wird er sich aber freuen!" Vorsichtig drehte er sie um, so dass sie mit dem Rücken zu ihm stand. „Wo genau tut es weh?", fragte er noch einmal nach.

„Na hier." Sie deutete unspezifisch nach hinten.

„Gut, dann wollen wir mal schauen, dass Sie schnell zu Ihrem Herbert zurückkommen", antwortete er vergnügt und begann, auf ihrem unteren Rücken herumzutasten.

„Welcher Herbert?", tönte plötzlich eine vertraute Stimme hinter ihr.

„Ah, guten Abend, Chef. Ich unterhalte mich gerade mit Frau Clausen über das Geschenk für ihren Mann. Und der heißt Herbert." Dr. Schwarzbauer klang keineswegs unterwürfig.

„Ach, Frau Clausen, soso." Die Stimme räusperte sich. „Sagen Sie, ist Ihr Herbert nicht schon seit zwölf Jahren tot?"

Hörte sie da einen belustigten Unterton heraus? Wütend drehte Hildegard sich um: „Was machen Sie denn hier?", fauchte sie den Professor an. Hatte er keine Familie?

„Nun, ich habe Dienst wie mein Kollege Schwarzbauer", erklärte er geduldig. „Mit dem Unterschied, dass ich meine Patienten kenne. Er ist noch ganz neu im Haus."

„Ja und?", fragte sie nun schon etwas kleinlauter.

„Einen kleinen Moment bitte." Der Professor gab dem jungen Arzt ein Zeichen. „Ich übernehme das jetzt hier." Er wartete, bis Dr. Schwarzbauer den Raum durch die hintere Tür verlassen hatte. Dann wandte er sich Hildegard zu: „So schlimm?"

„Was?" Hildegard schluckte.

„Heiligabend." Mehr musste er nicht sagen, schließlich kannten sie sich seit einigen Jahren. Sie nickte einfach nur.

„Sind die anderen auch da? Ich war noch nicht vorne." Seine Stimme klang warmherzig und keinesfalls verärgert.

Wieder nickte sie.

„Wie viele sind es denn?"

„Mathilda, Holger und Josef. Und ich natürlich." Sie zuckte mit den Schultern, jetzt war es ohnehin egal.

„Gut." Er öffnete die Tür zum Warteraum. „Dann bitte ich noch ein wenig um Geduld." Behutsam schob er sie hinaus und schloss die Tür.

Fragend schauten die anderen ihr entgegen.

„Röntgen, oder?" Mathilda nickte wissend mit dem Kopf.

Hildegard kämpfte mit den Tränen. Sie hatte es vermasselt. Wahrscheinlich kam gleich der Sicherheitsdienst, so wie im ersten Jahr. Wie schade, und das an Heiligabend. Besser war es, gleich zu verschwinden. Sie setzte zu einer Erklärung an, als die Tür hinter ihr wieder aufging.

„Also", tönte es fröhlich durch den Raum, „diesmal machen wir es anders." Der Professor kam mit großen Schritten zu ihnen herüber. Er strahlte über das ganze Gesicht und wirkte beinahe ein wenig aufgeregt.

„Wie … anders?" Hildegard starrte ihn an.

„Nun, wir wissen ja alle, warum Sie hier sind", begann der Mediziner mit einer ausladenden Geste. „Krank sind Sie jedenfalls nicht. Zumindest nicht akut", schob er mit einem Blick in Mathildas schnapsrotes Gesicht hinterher. „Ich habe für Sie ein Weihnachtsessen organisiert. Nichts Großes, aber nett. Gleich hier um die Ecke, beim Ganslwirt. Der hat heute nämlich offen. Wir haben da auch schon etwas bestellt. Ist doch Weihnachten." Erwartungsvoll blickte er in die Runde.

„Ein Essen? Beim Ganslwirt?" Holger sprang förmlich aus seinem Sessel. „Jetzt gleich?"

„Ja. Und zwar für alle. Geht auf meine Rechnung. Frohe Weihnachten." Der Professor nickte ihnen noch einmal zu und verschwand wieder im Behandlungszimmer. Plötzlich war es ganz still im Raum.

Diesmal telefonierte der Mitarbeiter am Empfang nicht. Sprachlos schaute er der Prozession hinterher, die im Eiltempo und in großer Aufregung aus der Klinik stürmte. Gehörten die alle zusammen? Kopfschüttelnd griff er nach dem Hörer, es läutete schon wieder. „Krankenhaus St. Raphael, fröhliche Weihnachten! Was kann ich für Sie tun?"

Anne Lienert

JINGLE-SINGLE-BELLS

O b er sich nur verspätete? Stefanie warf einen Blick auf ihre
Armbanduhr. Es war bereits drei Uhr. Eine halbe Stunde nach
der vereinbarten Zeit. Das wird dann sicher nichts mehr, sagte
sie sich. Entschlossen griff sie nach dem braunen Plüsch-Rentier, das
sie als Erkennungszeichen vor sich auf dem Tisch platziert hatte, und
packte es wieder in die Tasche.

Ein hellbraunes Herz schmückte den cremigen Milchschaum ihres
Cappuccinos. Stefanie griff nach dem Löffel, um eine Kostprobe zu nehmen. Mmh, er schmeckte perfekt. Draußen herrschte gerade dichtes
Schneetreiben. Durchs Fenster beobachtete sie die in dicke Winterja-
cken, Schals und Mützen eingepackten Passanten auf dem Straubinger
Christkindlmarkt, wie sie, meist mit Einkaufstaschen beladen, gegen
den Wind und das Flockengestöber ankämpften. Stefanie lehnte sich
zurück, schloss für einen Moment die Augen und genoss die wohlige
Wärme und den Duft des Kaffees, der in der Luft lag. Sie registrierte
das Stimmengewirr und Geschirrgeklapper im Hintergrund. Es sorgte
dafür, dass sie sich hier lebendig und weniger allein fühlte als in der
Einsamkeit ihrer vier Wände. Ihr graute vor dem Gedanken, dass sie
auch dieses Jahr wieder die Weihnachtstage allein mit ihrer Katze vor
dem Fernseher verbringen würde.

Mit viel Glück hatte sie heute sogar eine der begehrten Fensterni-
schen im Café Krönner ergattert. Der Tisch war gerade frei geworden,
als sie hereinkam. Doch der Typ, mit dem sie hier verabredet gewesen

war, hatte es sich wohl anders überlegt. Dabei war er ihr am Telefon so sympathisch erschienen. Abgesehen von den üblichen, aufdringlichen Angeboten der Single-Börsen war er leider der Einzige gewesen, der sich auf ihre Kontaktanzeige gemeldet hatte. Ob sie den Text vielleicht doch zu kompliziert formuliert hatte? In Gedanken ging sie ihn noch einmal durch: „Bist Du der Mann, der gerne lacht? Ein Optimist trotz Katastrophenszenario? Ein warmherziger, einfühlsamer, körperlich und geistig beweglicher Typ, der mit offenen Augen engagiert durchs Leben geht? Ich, (50+), unabhängig, neugierig, nicht sehr groß, nicht zu dick, mal blond, mal rothaarig, aktiv im Welterkunden und Weltbewahren, interessiert an der Natur und Kultur in allen Facetten, suche einen Gefährten, der mit mir allen Widrigkeiten zum Trotz die Freude am Leben teilen möchte.“ Nein, damit war alles klar gesagt, was ihr wichtig erschien. Anders hätte sie es nicht ausdrücken können. Und sie hatte nach dem stundenlangen Telefongespräch, das sie neulich geführt hatten, eigentlich den Eindruck gehabt, mit Alexander, der sie eben versetzt hatte, auf einer Wellenlänge zu sein. Der Gärtnermeister hatte ihr viel von seiner außergewöhnlichen Orchideenzucht und von seiner Vorliebe für Haustiere aller Art erzählt. Seine humorvollen Beschreibungen der Eigenheiten der empfindlichen Pflanzen und die Individuen seines anspruchsvollen Kleintierzoos ließen auf einen sensiblen Charakter schließen. Er hatte es sich zur Aufgabe gemacht, allen Geschöpfen in seinen Gewächshäusern beste Lebensbedingungen zu bieten. Stefanie hätte zu gern mal seinen tropischen Regenwald Marke Eigenbau in Deggendorf besichtigt. Schade, dass daraus nun nichts wurde.

Zum Trost bestellte sie sich noch einen Kaffee und, allen Vorsätzen zum Trotz, auch ein Stück Agnes-Bernauer-Torte. Im Café Krönner herrschte mittlerweile drangvolle Enge. Trotzdem bekam sie schon nach wenigen Minuten das Gewünschte. Der Genuss von Nuss-Baiser und Mocca-Buttercreme versöhnte sie ein wenig mit ihrem Schicksal. Stefanie hatte diesen Treffpunkt vorgeschlagen, weil sie hier früher oft entspannte Stunden mit Freunden erlebt hatte. Um diesen nostalgischen Erinnerungen nachzuhängen, hatte sie es in Kauf genommen, aus der Oberpfalz hierher die doppelte Strecke wie ihr Rendezvous-Partner zurückzulegen.

Sie griff nach dem Straubinger Tagblatt, das ihr Vorgänger am Tisch hatte liegen lassen. Schnell überblätterte sie die aktuellen Schreckensmeldungen, um nicht wieder im Gefühl der Ohnmacht über so viel Leid und Machtmissbrauch in aller Welt zu versinken. Sie überflog die Lokalnachrichten. Dabei rutschte eine Beilage heraus. Wellnesshotels im Bayerischen Wald! Stefanies Neugier war geweckt. Sie las sich einige Angebote durch, wurde jedoch jäh unterbrochen, als jemand ihr auf die Schulter klopfte. „Bist du's wirklich? Das gibt's ja nicht!" Vor ihr stand Kathrin, ihre engste Schulkameradin aus alten Zeiten. Stefanie sprang auf, um sie zu umarmen. „Wie schön, dich mal wiederzusehen!" Die Freundin ließ sich ihr gegenüber auf der Polsterbank nieder und lachte. „Immer noch die alte Leseratte?" Sie griff nach der Beilage. „Aha! Reif für Wellness? In unserem Alter genau das Richtige, wenn du mich fragst. Aber was führt dich denn nach Straubing? Hat dich etwa die unstillbare Sehnsucht nach niederbayerischen Schmankerln aus dem fernen Kallmünz hergelockt?", fragte sie und deutete vielsagend auf den Kuchenteller.

„Nein, nein, es war die Neugier auf einen Märchenprinz. Wir hatten uns hier verabredet, aber er hat mich anscheinend vergessen", erklärte Stefanie unverblümt.

„Oh, ich wusste gar nicht, dass du solo bist. Du und Michael, ihr wart doch unzertrennlich", erwiderte Kathrin irritiert.

„Das ist lang vorbei. Er ist seit drei Jahren mit einer Arbeitskollegin zusammen. Ich kam erst Wochen später darauf, als mir auffiel, dass er mich öfters versehentlich Tanja nannte und plötzlich Gefallen am Nachtdienst gefunden hatte. Der Feigling brachte es nicht über sich, es mir zu sagen."

„Hast du damals nicht sogar deinen tollen Job bei der Stadtbildstelle in Landshut aufgegeben, um mit ihm in die Oberpfalz zu ziehen?"

„Ja, schon. Ich musste mich umorientieren, ein eigenes Fotoatelier gründen. Aber das hat mir auch neue Horizonte eröffnet. Die Jura-Landschaft, die ich dann für mich entdeckt habe, ist einfach grandios: schroffe Felswände und sonnige Hänge, auf denen Wacholder und Silberdisteln wachsen, dazwischen alte Burgen, kleine Märkte, wildromantische Flussläufe, Wälder und Wiesen – Kallmünz ist ein Paradebeispiel für diese Idylle. So viele reizvolle Eindrücke auf kleinstem Raum, darüber könnte ich stundenlang schwärmen! Ich bin damals von der Event- auf die Landschaftsfotografie umgeschwenkt. Mittlerweile sind schon einige Bücher mit meinen Aufnahmen erschienen."

„Die will ich unbedingt mal sehen! Aber in Sachen Liebe könnte es bei mir auch besser laufen. Die Schmetterlinge, die ich früher mal im Bauch fühlte, halten schon lange Winterschlaf. Vielleicht liegt's daran, dass ich immer molliger werde. Bislang schlägt keine Diät bei mir an. Ich mag mich schon gar nicht mehr im Spiegel anschauen!"

Stefanie wollte widersprechen, denn sie fand ihre Freundin mit ihren Rundungen sehr attraktiv. Aber Kathrin ließ sie nicht zu Wort kommen. „Und – wie findest du das Single-Dasein?" fragte sie.

„Grandios! Endlich darf ich die Verantwortung für meine langweiligen Abende allein tragen!" entgegnete Stefanie ironisch.

Kathrin lachte. „Ich weiß, das Solo-Dasein ist kein Zuckerschlecken: mutterseelenallein im Kreise turtelnder Pärchen, Sonntagsdepression im einsamen Elfenbeintürmchen, die gutgemeinten Kuppeleiattacken der lieben Mitmenschen und nicht zuletzt der Zwang, sich dafür ständig rechtfertigen zu müssen." Sie griff nach dem Prospekt. „Was hältst du davon, wenn wir uns mal zusammen eine Auszeit gönnen? Ein Wochenende in einem dieser Wohlfühltempel? Warum nicht über Weihnachten? Ich habe noch nichts Besonderes vor."

„Eine super Idee!" Stefanie war begeistert. „Vielleicht wäre das der richtige Kick für uns beide."

„Wäre, hätte, könnte... das bringt uns nicht weiter. Ab heute kein Leben mehr im Konjunktiv!", entgegnete Kathrin impulsiv. Sie streckte ihr die Hand entgegen. „Einverstanden?"

Stefanie grinste. „Dein gebieterischer Ton hat mir richtig gefehlt. Einverstanden, Frau Lehrerin!" Sie schlug ein.

„Jetzt muss ich aber los; ich möchte nicht im Dunkeln nach Hause fahren. Die Straßen sind heute spiegelglatt. Schon auf der Fahrt hierher bin ich öfters ins Rutschen geraten. Ich hoffe nur, der Streuwagen war inzwischen unterwegs. Wir besprechen den Rest am Telefon!"

Als die beiden ihre Nummern austauschen wollten, bemerkte Stefanie, dass ihr Handy streikte. Offensichtlich war der Akku leer. Sie notierte Kathrins Nummer auf einem Zettel, die beiden verabschiedeten sich, und Stefanie machte sich nach dem Bezahlen auf den Weg zurück.

Zwei Stunden später saß sie am warmen Kachelofen in ihrem Wohnzimmer und frottierte die patschnasse Madame Luna, die gerade erbärmlich miauend vor der Terrassentür Einlass begehrt hatte. Draußen wirbelten dicke Schneeflocken im Schein der Straßenlaternen. Die uralte Steinbrücke über der Naab war nur noch schemenhaft zu erkennen. Plätze und Wege lagen verlassen und wurden unter einer immer dichteren, weißen Decke begraben. Stefanie servierte ihrer Katze eine Extraportion Futter, dann griff sie zu ihrem Handy, das noch am Kabel zum Aufladen hing, um nachzusehen, was die ostbayerischen Wellnesshotels zu Weihnachten für Singles zu bieten hatten. Sie merkte, wie sich ihre Laune bei der Aussicht auf gemeinsame Weihnachtstage mit Kathrin spürbar besserte. Die alte Vertrautheit zwischen ihnen war sofort wieder da gewesen. Wieso war sie bloß nie auf die Idee gekommen, mit Kathrin wieder Kontakt aufzunehmen? „Manchmal bist du wirklich total bescheuert", schimpfte sie sich selbst. „Da steht dir jemand seit ewigen Zeiten nahe und du vergisst das einfach." Stattdessen verplemperte sie ihre Freizeit damit, flüchtigen Bekanntschaften hinterherzujagen. Sie fand ein Hotel in Spiegelau, am Bayerischen Nationalpark gelegen, das eine große Pool- und Saunalandschaft, hauseigenen Loipeneinstieg, Schneeschuhverleih, romantische Fackelwanderungen am Großen Rachel, ein festliches Weihnachtsdinner, bayerisch-böhmische Spezialitäten und vieles mehr bot. Gerade richtig für Kathrin und mich, entschied Stefanie.

Das Display zeigte ihr auch eine Reihe von Anrufen in den letzten Stunden an. Sie stammten alle von Alexander. Nachdem sie die Mailbox abgehört hatte, war ihr klar, warum sie im Café vergeblich auf ihn gewartet hatte. Während sie sich mit Torte tröstete, steckte er in einer Massenkarambolage fest, verursacht durch Blitzeis auf der A 3 zwischen Schwarzach und Bogen. Glücklicherweise war er unverletzt. Sein Bedauern über das verpatzte Rendezvous klang echt. Alexander wollte sie unbedingt so bald wie möglich sehen und ihr sein Reich in Deggendorf zeigen. Für Stefanie klang das so, als hätte diese Beziehung doch noch eine Chance. Sie nahm sich vor, einen Test zu wagen – aber zuerst musste sie die Freundschaft mit Kathrin neu besiegeln!

Oliver Machander

DER WEIHNACHTSRITTER

Es war fürchterlich kalt und zu spät, viel zu spät, um noch Einlass zu erhalten in der Penne, der Unterkunft für Obdachlose in der Taunusstraße. Sein Zelt? Weg, einfach weg! Nun wehte auch noch ein starker Wind, und es fiel ein eiskalter Regen. Er irrte umher, in der Stadt, die schwieg, sonderbar verstummt, als wäre sie zugefroren. Erstarrt wie ein See. Jeder Regentropfen ein Nadelstich, die Hände rot und blau vor Kälte. Die Pulle fast leer. Ziellos trieb er umher, seit Stunden. Hoffen – auf was? Den Morgen? Er war noch fern, oder? Zeit? Hatte es nicht bereits vor Ewigkeiten Mitternacht geschlagen? Er torkelte, stützte sich an einer Mauer ab, spürte den kalten, festen Stein. Die Welt trat aus seinem Nebel, bekam wieder Substanz. Er sah, schaute sich um. Hoch über ihn ragte St. Ägidien auf, die ehemalige Deutschordensritter-Kirche. Hier war er also. Welche Ironie.

Die Fenster waren dunkel. Ein Hoffnungsschimmer keimte. Da drin ist es trocken. Nur hinein! Und raus aus der verdammten Kälte, dem beschissenen Regen. Fast rannte er. Das kleine Seitenportal. Die Tür. Zu! Verschlossen! Kein Hinein. Nur ein Draußen. Wie schon so lang in seinem Leben. Scheiß drauf! Scheiß auf alles, alles scheißegal. Er lachte. Die abgehackten Laute kratzten sich aus seiner Kehle. Er sackte zusammen. Vor dem Portal. Es gab ihm ein wenig Schutz. Vor was? Egal! Alles! Er schloss die Augen, leerte die Flasche. Es brannte und wärmte, ein wenig. Nun war sie leer, so wie er. Nichts mehr, nichts mehr zu tun, außer zu warten. Unerbittlich kroch die Kälte weiter in seine Glieder. Alles in und um ihn erstarrte. Er schloss die Augen und wartete. Die Tropfen verwandelten sich, wurden zu weißen, weichen Flocken.

Plötzlich war er wieder dort. Im Garten der Großmutter, zusammen mit Kalle, seinem großen Bruder. Die Erinnerungen aus glücklichen Kindertagen. Eine andere Welt, entsprungen aus einem anderen Leben. Er lächelte. Die Bilder wärmten. Vergangenes, warmes Glück. Wie sie träumten, er und Kalle. Was sie werden wollten? Ritter! Ja, Ritter.

Er erinnerte sich. Gemeinsam kämpften sie gegen Riesen, Drachen, befreiten Prinzessinnen und erhielten als Lohn ein halbes Königreich. Gut, die Prinzessin mussten sie auch nehmen, das war dumm, aber die konnte ja in der Kemenate sticken, während man selbst auf der Jagd war oder – noch viel besser! – auf einen Kreuzzug ging.

Dann entdeckten sie das alte, dicke Buch vom Großvater. Da stand alles drin über die Ritter des Deutschen Ordens. Das waren echte Ritter, die im Heiligen Land gekämpft hatten. Die mussten keine doofen Prinzessinnen aus Drachenhöhlen befreien oder sich durch Dornenhecken kämpfen. Und das Beste! Sie mussten keine Königstöchter heiraten. Herrlich, eine reine Männertruppe, das war schon mehr nach ihrem Geschmack. Kalle wurde zum wahren Experten. Er wusste einfach alles. Nun konnten sie so richtig loslegen. Ihr Ritterreich, das war der riesige Garten der Großeltern. Die Wiese hinter dem Haus mit den schmalen Bächen, die in den kleinen Weiher am Waldrand mündeten. Dort errichteten sie ihren Ordensstaat. Genauso wie die Deutsch-Orden-Ritter im Baltikum.

Der Schwärzelbach war die Weichsel. Kalle war Landmeister Hermann von Balk und er, Franz, sein tapferster Ordensritter. Gemeinsam mit ihrem 700 Mann starken Herr drangen sie in das Kulmerland ein und errichteten dort, auf der Wiese hinter dem Garten, ihre erste Burg. Wie stolz waren sie auf ihre Feste gewesen, eine kleine Hütte umringt von Haselnussstecken. Der Großvater hatte es erlaubt und sogar ein bisschen geholfen.

Von ihrer Burg aus begannen sie mit der Eroberung ihres Territoriums bis zum Fluss Narva, also eigentlich der ganzen Wiese bis zum Saubach, der Abfluss des Waldweihers. Für sie war der Weiher natürlich der gewaltige Peipussee.

„Weißt du, Franz", hatte der Kalle gesagt, „der Peipussee ist riesig. Der ist 143 km lang und 50 km breit." Der Kalle wusste einfach alles. Woher? Na, aus seinen Büchern!

„Auf dem zugefrorenen See gab es einmal eine riesige Schlacht!"

„Wann denn?"

„Am 5. April 1242!"

„Ach, du spinnst! Im April ist kein See zugefroren."

„Im Baltikum schon! Da ist der Winter saulang und kalt. Erst im Mai wird es da warm."

„Und was war jetzt mit der Schlacht?"

„Ja, da haben die Ordensritter gemeinsam mit ihren estnischen Verbündeten gegen die Russen gekämpft."

„Ja, super, dann können wir das im Winter, wenn der Weiher zugefroren ist, ja spielen."

„Schon, aber lustig wird es nicht!"

„Warum?"

„Das wirst du dann schon sehen!"

Mehr hatte Kalle damals nicht verraten.

Den Winter konnte Franz damals gar nicht erwarten. Endlich war es soweit. Kurz vor Weihnachten war der Weiher zugefroren, und die Welt lag unter einer weißen Schneedecke. Der Großvater hatte ihnen erlaubt, die Hütte auf der Wiese stehen zu lassen. So schärften sie auf der Burg ihre Waffen. Sie schnitzten mit den Taschenmessern die Stecken wieder spitz. Dann sattelten sie ihre Streitrösser, zwei dicke, fast zwei Meter lange Buchenäste, und zogen los.

Sie drangen in den verschneiten Wald ein, der natürlich das Land der Nowgoroder Fürsten war. Am Anfang ging alles gut. Sie eroberten die große Eiche.

„Das ist Pleskau", hatte Kalle gesagt.

Die überlebenden feindlichen Truppen flohen, waren gefangen oder lagen erschlagen auf dem Schlachtfeld. Eigentlich war der Boden nur übersät von Fichtenzapfen – Körper, die keinen Mucks mehr von sich gaben.

„Und was jetzt?"

„Na, die Bojaren sind halt sauer, dass wir ihnen Pleskau genommen haben. Für ihre Stadt Nowgorod ist das auch schlecht, weil wir jetzt ihre Handelsroute unterbrochen haben."

„Echt, das ist ja super, dass die jetzt keine Handelsroute mehr haben."

„Ja, schon, aber ihr neu gewählter Großfürst Alexander Newski wird bald zum Gegenschlag ausholen."

„Ja, und wie?"

„Er schickt erst einmal eine Vorhut."

„Und was machen wir?"

„Na, die machen wir platt."

„Super! Und dann?"

„Naja, ein Teil von denen kann fliehen, und wir stürmen hinterher."

„Ganz klar, hinterher, und dann geben wir ihnen den Rest."

„Schön wär's. Der Newski ist auch nicht dumm. Der geht seinen Männern mit seinem ganzem Heer entgegen, und beim Peipussee kommt es dann zur großen Schlacht."

„Super, dann können wir sie ja dort gleich alle platt machen!"

„Mal sehen", sagte Kalle nur. „Mal sehen."

Die Vorhut war gleich geschlagen. Überall im Wald lagen die Fichtenzapfen starr am Boden. Auf ihren stolzen Streitrössern hetzten Kalle und Franz den versprengten Truppen nach. Raus aus dem Wald, über die Wiese, bis auf den zugefrorenen Waldweiher, ihrem Peipussee. Und Kalle erzählte. Es sprudelte nur so aus ihm heraus. Die Geschichte der Schlacht. Und seine Worte wurden lebendig, in den Köpfen der beiden Jungen. So lebendig. Es war ein kalter Tag Mitte Dezember. Doch Kalle erzählte. Und es wurde Anfang April auf dem Peipussee im Baltikum, an der Grenze zu Russland. So lebendig. Es wurde kälter, der Wind pfiff, stach wie Nadeln, wie Messer, schnitt wie Schwerter. Zu lebendig!

Er wartete, Großfürst Alexander Newski mit seinen 4000 Kämpfern. Alles Fußvolk, nur die Fürsten waren beritten. Auf Seiten der Ordensritter gab es lediglich 600 Berittene sowie 1200 Mann zu Fuß.

Unter der Führung von Bischof Hermann 1. von Buxtehoeven, dem verwandelten Kalle, eröffnete das Ordensheer die Schlacht. Treu an seiner Seite Ordensritter von Dorpat, Franz.

In einer Keilformation gingen sie gegen das russische Zentrum vor. Unter dem heftigen Ansturm wich die Miliz bis zum Ufer des Sees zurück. Ihre Reihen wurden fast durchbrochen, der Sieg schien nah! Aber der Feind kämpfte tapfer. An den rechten und linken Flanken hielt er allen Angriffen stand. Der Taktikfuchs Großfürst Newski schickte nun seine Druschina, seine Leibwache, in die Schlacht. Sie griffen den Rücken der Ordensritter an und umzingelten sie. Nunmehr von allen Seiten umringt und auf engsten Raum zusammengepfercht, konnten die Ritter ihren Vorteil, hoch zu Ross zu sitzen, nicht mehr nutzen. Gnadenlos stießen die Nowgoroder Fußtruppen die Ritter mit ihren Lanzen von den Pferden und erschlugen sie.

Und dann brach das Eis. Viele Ritter ertranken. Nur wenige konnten fliehen.

Kalle und Franz kämpften verbissen. Franz verlor seinen Ast, fiel vom Pferd, stürzte. Er drohte erschlagen zu werden, doch Kalle eilte herbei, schlug zu, trat, sprang, mit aller Wucht. Und dann brach das Eis. Wasser, eiskaltes Wasser verschlang sie.

Der Großvater zog sie heraus. Im Krankenhaus erwachte Franz mit einer überstandenen Lungenentzündung. Es war der 24. Dezember gewesen. Er konnte wieder heim und dann ging er zu Kalle. An seinem Grab legte er Blumen nieder. Er weinte.

Die Mutter hatte es nie überwunden. Sie griff zur Flasche. Die Eltern, erst stritten sie sich, dann kam die Scheidung. Franz sah die Mutter nie wieder. Der Vater verlor sich in seiner Arbeit. Er sagte es nie, doch Franz spürte, dass er ihm die Schuld an seinem Elend gab. Kalle war immer der Liebling der Mutter gewesen. Der Großvater griff ein. Er nahm Franz zu sich und zur Großmutter. Nun ging es besser. Später, als er mit der Schule fertig war, hatte er nichts zu Ende bringen können. Egal was. So blieb er ein Hilfsarbeiter. Jobbte mal hier, mal dort. Als der Großvater starb, wurde die Großmutter krank. Franz pflegte sie, liebevoll, bis zu ihrem Tod. Bei der Beerdigung sah er den Vater zum letzten Mal. Der Vater verließ die Stadt. Ging nach Bielefeld, wo Agnes, seine neue Frau, herstammte.

Franz lebte allein im Haus der Großeltern. So allein! Dann fing auch er an zu trinken. Trank, bis alles fort war: der Garten, das Haus, das letzte Geld. Alles war fort, nur sein dunkler, tiefer Schmerz, der blieb, verließ ihn nie.

Das Portal, es regte sich, kratzte, leise. Erst ein Spalt, dann öffnete es sich und ein Ritter stand da. Ein Deutschordensritter. In voller Rüstung. Er kniete sich zu dem Penner, öffnete sein Visier. Kalle lächelte und sagte: „Komm Franz, jetzt geht es auch für dich heim."

Am Weihnachtsmorgen fand man einen Penner. Tot, erfroren, vor dem Kirchenportal St. Ägidius.

Auf den Fotos im Netz konnte man es sehen. Er lächelte.

Gabriel Maier

OH PANNENBAUM

Herbert öffnete sein Wohnzimmerfenster und ging vor Entsetzen einen Schritt rückwärts. Anstatt klarer, winterlicher Luft strömte ein Gemisch aus Bratwurst- und Glühweindunst herein. Begleitet wurde das Ganze von einer Geräuschkulisse, in der sich das lautstarke Treiben angetrunkener Leute mit unterschiedlichen Adventsgesängen vom Band mischte. Es war also mal wieder soweit: Unten am Neupfarrplatz, direkt vor den Fenstern seiner Wohnung, hatte der Christkindlmarkt eröffnet.

Herbert rümpfte die Nase. Nicht, dass er grundsätzlich etwas gegen den Advent oder Weihnachten hatte, es war allein der Christkindlmarkt, der ihn alle Jahre wieder auf die Palme brachte. Jedes Jahr musste er sich von seinem Fenster aus dieses Treiben ansehen, ob er wollte oder nicht – und jedes Jahr spielte sich mehr oder weniger genau das Gleiche dort unten ab. Massen von Leuten holten sich heißen Eierlikör oder überwürzten Glühwein – alles inklusive stundenlangem Sodbrennen. Sie drängten sich an die Buden, um XXL-Bratwürste zu kaufen und klatschten diese dann ihrem Nebenmann ins Genick, wenn sie sich beim Abbeißen nicht vorsichtig genug umdrehten. Immer wieder rutschte jemand auf einer Bratwurstschnecke aus und verfing sich dann in den vielen Christbäumen oder knallte gegen einen der Elektrokästen für die Weihnachtsbeleuchtung.

Herbert schüttelte verständnislos den Kopf und legte die Hand an den Griff, um das Fenster wieder zu schließen, als sein Blick auf einen Kerl fiel, der bei einem Süßigkeitenstand verstohlen um sich blickte.

Der Mann hatte einen zusammengefalteten Regenschirm dabei. Diesen platzierte er unter ein paar Lebkuchenherzen und zog ihn so nach oben, dass die Süßwaren im Schirm verschwanden. Dann schnitt er mit einer Schere die Bänder durch, an welchen die Herzen aufgehängt waren, sodass diese unbemerkt in den Regenschirm rutschten.

„Mein Gott", dachte Herbert. „Wer's nötig hat!"

Misstrauisch ließ er seinen Blick auf dem Kerl haften, welcher nun offenbar eine ältere Dame ins Visier genommen hatte. Die Frau hatte nach dem Erwerb einiger Glaskugeln vergessen, ihre Handtasche wieder zu schließen. Offenbar hielt der Typ dies für die nächste Gelegenheit, lange Finger zu machen.

„Der wird doch nicht …", entfuhr es Herbert. Bevor er jedoch seinen Gedanken zu Ende bringen konnte, musste er auch schon mit ansehen, wie der Mann professionell in die Tasche der Dame griff und ihre Geldbörse herausfischte.

Das ging zu weit!

Herbert schnappte sich seinen Mantel und die Hausschlüssel, stürzte aus der Wohnung und eilte hinunter. So sehr es ihm auch ein Graus war, stürzte er sich in das Gedränge und versuchte, diesen miesen Kerl ausfindig zu machen.

Während er jedoch gerade noch sah, wie der Mann in Richtung Neupfarrkirche ging, wurde Herbert vom Strom der Menschenmasse erfasst und in Richtung Drei-Helm-Gasse geschoben. Mühevoll kämpfte er gegen das Gedränge an und schaffte es unter Aufbietung aller Kräfte, ganze vier Wurstbratereien in die gewünschte Richtung zu kommen. Herbert glaubte sich bereits in der Nähe des Verbrechers, als er plötzlich von der Seite angesprochen wurde.

„Ja, da schau her! Der Herbi ist auch da! Hast es wohl auch nicht mehr ausgehalten, dass du gleich am ersten Tag auf den Christkindlmarkt gehen musst, was?"

Herbert sah sich irritiert um. „Ah, der Herr Edenharter. Du, ich hab überhaupt keine Zeit …"

Herbert kam nicht dazu, den Satz zu vollenden. Sein Freund Hans Edenharter – allem Anschein nach bereits stark angetrunken – legte den Arm um seine Schultern und drückte ihm einen Becher mit einer dampfenden, dunklen Flüssigkeit in die Hand.

„Einer geht immer!", bellte ihm Hans Edenharter mit merklicher Fahne entgegen. „Nimm das, sonst bin ich beleidigt!"

Herbert entschied sich, die Sache so schnell wie möglich hinter sich zu bringen, und kippte das angebotene Getränk blindlings in seinen Rachen. Gleich darauf würgte er.

„Pfui Teufel! Was war denn das?", fragte er entsetzt.

Der Edenharter grinste. „Ein Glühbier!", gab er als Antwort zurück. „Gut, was?"

Herbert schüttelte den Kopf. „Nein."

„Stimmt", gab der Edenharter zu. „Da, spül's hiermit runter."

Als Tausch gegen den leeren Becher erhielt Herbert nun eine Tasse handelsüblichen Glühwein, um seine Geschmacksnerven wieder zu kalibrieren. Erneut kommentierte er das Getränk mit einem „Pfui Teufel", war jedoch von der Menge schon wieder so weit weggetragen worden, dass ihn der Edenharter wahrscheinlich nicht mehr hören konnte.

„Glühbier!", zischte Herbert. „Denen fällt immer was Neues ein – nur nichts Gescheites." Er merkte, wie ihm das völlig überwürzte, bittere Gesöff in den Kopf stieg. Da er mittlerweile die Neupfarrkirche beinahe halb umrundet hatte, beschloss er, sich weiterhin mit der Menge zu bewegen, bis er das Gebäude komplett umkreist hatte. Er hoffte, so den Dieb schneller zu erreichen. Wie ein Korn in einem Mahlwerk ließ er sich weiter treiben, bis er plötzlich erneut eine bekannte Stimme hörte.

„Ah, Herbi, da bist du ja wieder!"

„Hans!" Herbert machte mit den Händen eine abwehrende Bewegung. „Ich muss weiter!"

„Krampf!", entgegnete Hans Edenharter. „Ich hab nochmal was Neues. Nimm das, sonst bin ich beleidigt!"

Im Vorbeiströmen erhielt Herbert einen kleinen und einen großen Becher in die Hände gedrückt.

„Erst das Kleine", empfahl Edenharter. „Und schwemm's dann mit dem Großen runter."

Um auch diese Sache hinter sich zu bringen, kippte Herbert wie angeregt den kleinen Becher in seine Kehle. Hitze wallte von seinem Magen den Hals hinauf, und ihm entfuhr ein unkontrolliertes, zischendes Geräusch wie nach dem Genuss einer Chilischote. „Hans, willst du mich umbringen?" Die Worte strömten aus seinem Mund als kaum verständliches Keuchen.

Der Edenharter machte mit der Hand eine Bewegung, die Herbert bedeuten sollte, möglichst schnell den Glühwein im großen Becher hinterher zu kippen. Herbert folgte auch dieser Empfehlung, wodurch sich zwar einerseits seine Geschmacksnerven wieder beruhigten, andererseits aber ein leichter Doppelblick seiner Augen entstand.

„Was war das denn?", fragte Herbert, sobald seine Stimme wiedergekehrt war.

„Glüh-Whisky", rief Hans Edenharter mit schadenfrohem Lächeln.

Herberts Magen rebellierte. Gewürzter, heißer Alkohol schien seine Blutbahn zu fluten. Der kontinuierliche Menschenstrom, der ihn bisher mitgenommen hatte, begann zu schunkeln.

So gut es ging, versuchte Herbert, sich zu sammeln und auf die Suche nach dem Verbrecher zu konzentrieren. Dabei stellte er fest, dass im Winter die meisten Leute Mäntel oder Jacken trugen, die sich mit eintretender Dunkelheit immer ähnlicher sahen. Da er deshalb den Verbrecher nicht mehr identifizieren konnte, entschloss er sich dazu, den Blick auf offenstehende Handtaschen zu richten. Wenn er sah, dass daraus Geldbörsen entnommen wurden, würde er sich einfach die Person am anderen Ende des Portemonnaies schnappen.

„So, Herbert! Jetzt hab ich was ganz Besonderes für dich!"

„Her damit, Edenharter!" Herbert staunte nur kurz darüber, wie schnell er schon wieder eine Runde um die Neupfarrkirche geschafft hatte. Mit resignierendem Nicken nahm er von seinem Freund eine Art übergroße Schnabeltasse entgegen.

„Das kenn ich doch", winkte Herbert mit letzter Kraft ab. „Das ist eine Feuerzangenbowle."

„Ja, schon", entgegnete der Edenharter. „Aber die gibt es heuer zum ersten Mal in XXL. Trink gleich aus, da ist viel Pfand drauf."

Herbert leerte das Gefäß in einem Zug und gab es seinem Freund zurück. Dienstbeflissen wollte er schließlich seinen Weg fortsetzen und machte Kraulbewegungen in der Menge. Allerdings stellte er fest, dass er nun deutlich langsamer vorankam als bisher. Zunächst hatte Herbert den Verdacht, der Strom habe seine Richtung geändert. Doch dann stellte er fest, dass er selbst es war, der unbemerkt um 180 Grad gedreht worden war und nun hoffnungslos gegen die Menge ankämpfte. Schließlich gab er auf und ließ sich rückwärts von der Masse wieder in Richtung Edenharter treiben.

„He, Herbi, jetzt warst du aber schnell."

„Komisch, gell?", entgegnete Herbert, der immer noch überlegte, wie es dazu kommen konnte, dass er die Orientierung verloren hatte.

„Magst du mal was Kaltes, Herbert?"

„Selbstverständlich, Herr Edenharter! Herr Edenharter, du bist mein Freund."

Herbert bekam nun ein Glas mit einer blauen Flüssigkeit, nach deren Genuss er beschloss, die nächste Runde abzukürzen. Anstatt der Menge zu folgen, flog er einfach einmal um den Turm der Neupfarrkirche herum und landete direkt vor Hans Edenharters Schuhen, der ein Tablett mit Nusslikör ausgab.

„Hans, ich muss jetzt weiter", sagte Herbert mit maximaler Beflissenheit. „Ich muss einen Verbrecher zur Strecke bringen!"

Edenharter sah ihn mit einer Mischung aus Verwunderung und Belustigung an.

„Da brauchst du jetzt nicht so zu schauen", sagte Herbert verärgert. „Mit dieser Bratwurst schlag ich ihn k.o. und mit der Girlande da werde ich ihn fesseln!"

Herbert schob seinen Freund unvermittelt zur Seite und packte den Mann, der gerade seine Hand in dessen Manteltasche gesteckt hatte.

„Mensch, Hans!", entfuhr es Herbert. „Du merkst ja nicht mal mehr, wenn du beklaut wirst. Jetzt pack wenigstens mit an!"

***

Herbert wusste nicht, ob die Kopfschmerzen eine Folge des Alkohols oder der Rangelei waren. Das blaue Auge stammte jedoch auf jeden Fall von der gelungenen Aktion, den Missetäter an Ort und Stelle zu halten, bis die Polizei eingetroffen war. Noch während er die Schwellung seines Veilchens mit einem Eisbeutel einzudämmen versuchte, klingelte es an seiner Wohnungstüre. Es war ein Eilbote, der ihm einen Brief per Einschreiben vorbeibrachte.

Darin stand:

„Sehr geehrter Herr Weinfurtner,

für Ihren Einsatz zur Ergreifung eines gesuchten Taschendiebes möchten wir uns herzlich bei Ihnen bedanken. Da Sie dazu beigetragen haben, die Sicherheit auf dem Christkindlmarkt am Neupfarrplatz maßgeblich zu erhöhen, und wir Ihre Zuneigung zum Glühwein und anderen Spezialitäten nicht übersehen konnten, möchten wir, die Gemeinschaft unabhängiger Budenbesitzer, unsere Dankbarkeit mit einem ganz besonderen Geschenk zum Ausdruck bringen: Sie erhalten von uns eine lebenslange Gratisversorgung adventlicher Spezialitäten, geltend für die folgenden Weihnachtsmärkte ..."

Herbert las den Rest des Briefes nicht zu Ende. Er öffnete sein Wohnzimmerfenster, knüllte das Papier zusammen und warf es zielgerichtet in das offene Feuer der Kastanienrösterei unter ihm.

Johann Georg Maierhofer

OBERPFÄLZER WEIHNACHT

Das ganze Jahr freue ich mich schon auf Weihnachten. Da gibt es immer ganz viele Geschenke. Manchmal kriege ich auch welche, die mir gefallen. Aber nicht deswegen freue ich mich auf Weihnachten, sondern wegen der Zeit vor den Geschenken. Weil Weihnachten ist schon vorher immer ganz viel los.

***

Das geht schon im Herbst an, wenn die Nikoläuse beim Bäcker stehen.

Otto steht dann meistens auch davor. Otto ist mein Schulfreund. Und Otto isst immer ganz viel. Die Monate vor Weihnachten steht er immer, bevor die Schule beginnt, eine Viertelstunde vor dem Bäcker und schleckt an einer Tafel Schokolade, während er mit glasigen Augen die Nikoläuse anstarrt.

Wenn dann Nikolaus ist, treffen wir alle uns nach der Schule. Alle, das sind meine Freunde Roland, Franz, Max, Georg, Joachim, Otto und Chlodwig. Adalbert nicht. Der ist der Streber in der Schule und der sagt, das darf man nicht tun. Nämlich Nikoläuse ärgern. Und das tun wir. Denn an Nikolaus sind ganz viele Nikoläuse in der Stadt. Das sind aber nicht die wirklichen. Denn der wirkliche Nikolaus ist schon lange tot und war nur einer und nicht so viele, wie jetzt durch die Stadt laufen. Also ist das gar nicht schlimm was wir machen und Adalbert könnte ruhig mitmachen.

Einmal haben wir einem Nikolaus im Kaufhaus den Bart runtergezogen. Dass war dann schon schlimm, denn es war Ottos Vater und Otto bekam daraufhin keine Schokolade mehr in die Schule mit. Seine Augen vor dem Bäcker waren dann immer noch glasiger als sonst, bis ihm der Bäcker einmal einen Nikolaus schenkte. Otto wollte ihn gleich aufessen, als er aber das bunte Nikolaus Papier runtergetan hatte, war er so schockiert, dass er den nackerten Nikolaus mit in die Schule genommen hat und ihn uns gleich gezeigt hatte. Es war nämlich gar nicht ein Nikolaus sondern der Osterhase. Die Lehrerin konnte an diesem Tag keinen richtigen Unterricht mehr mit uns machen, außer mit Adalbert, so aufgeregt waren wir.

**

Wenn die richtige Zeit vor Weihnachten angeht, das ist dann der Advent.

Der Advent geht immer mit einer Kerze an. Mama und Papa zünden diese am Abend an und wollen, dass ich ein Lied mitsinge. Das finde ich doof. Mama sagt dann immer „sing doch, Du hast so eine wunderschöne Stimme". Damit meint sie nicht Papa sondern mich. Papa kann gar nicht singen, sondern der redet stattdessen nur immer ganz laut. Als ich ihm das einmal gesagt habe, hatten wir großen Streit in der Familie. Denn er glaubt, dass er gut singen kann. Und Mama sagt ihm auch nicht, dass er es nicht kann. Sie müsste es eigentlich besser wissen, denn sie kann gut singen. Und am schönsten wäre es, wenn sie alleine singen würde und wir nur zuhören. Ich höre ihr gerne zu. Sie will aber, dass wir immer zusammen singen. Das gehört sich so. Und weil dann meistens großer Streit ist, schalten wir irgendwann den Fernseher ein und lassen dort singen.

Das geht meistens jede Woche so bis Weihnachten ist, denn der Advent hat vier Kerzen. Und bis alle brennen singen wir immer, oder tun so, als ob wir singen würden.

Bei meinen Freunden ist es meistens genauso, bis auf bei Roland, da wird gleich der Fernseher eingeschaltet.

***

Am Weihnachtstag hat der Papa immer schon am Tag vorher einen Christbaum gebracht.

Einmal durfte ich mitgehen. Früher war es einfach, sagt er. Da durfte man den Baum noch aus dem Wald stehlen. Seit das verboten ist, kaufen die meisten den Christbaum im Geschäft. Nicht so mein Papa. Nur weil es plötzlich verboten ist, müssen wir doch nicht unsere Gewohnheiten ändern, sagt er immer. Aber das ist schon lange her, dass es nicht verboten war. Da war mein Papa noch ein Kind und war immer dabei, wenn bei ihm zuhause Weihnachten ein Baum aus dem Wald geholt worden ist. Das tut er jetzt auch immer noch. Nur gibt er dabei acht, dass er nicht gesehen wird.

Als ich dabei war, wurden wir erwischt. Das war meinem Papa sehr peinlich. Er sagte, dass es ein Notfall sei, weil ich wissen wollte, wo die Bäume herkommen. Er wollte mir zeigen, dass die Bäume nicht im Supermarkt wachsen. Das ist wie mit der Milch. Im Fernsehen ist mal gekommen, dass viele Kinder glauben, die Milch wächst im Supermarkt. Aber in Wirklichkeit tropft sie aus der Kuh. Aber das wissen doch alle. Sogar Chlodwig, der sonst immer in der Schule der Schlechteste ist. Als mein Vater also erklärte, dass er seinem Sohn, das bin ich, die Welt erklären will, wie sie wirklich ist, redete er so viel wie sonst selten. Der Mann, der uns erwischt hatte, dem gehörte wohl der Baum. Mein Vater sagte, dass er den Baum natürlich zahlen will. Da schaute der Mann gar nicht mehr so böse. Als mein Vater gezahlt hatte, fuhren wir mit dem Baum heim. Ich glaube, das war ein sehr teurer Baum. Außerdem war es das Jahr, in dem ich bisher die meisten Geschenke bekommen

125

hatte. Ich hatte meinem Vater nämlich versprechen müssen, nichts davon zu erzählen, dass wir erwischt worden sind.

Seitdem weiß ich auch, dass Lügen manchmal wohl gar nicht so schlimm ist.

Also habe ich dabei doch etwas von meinem Vater gelernt, auch wenn ich schon wusste, dass Bäume nicht im Supermarkt wachsen.

***

An Heiligabend ist Mama immer ganz aufgeregt. Sie will immer alles richtig machen. Papa und Mama streiten deshalb oft und Mama sagt immer, streite doch nicht, weil heute ja Weihnachten ist. Und Papa hört dann auf zu streiten und geht ins Wohnzimmer, den Baum schmücken. Meistens geht dann bei so einem Streit, der keiner mehr ist, eine Kugel kaputt.

Das Baumschmücken ist für mich die schönste Zeit von Weihnachten. Eben weil nicht nur mein Papa den Baum schmückt, sondern alle Papas zur gleichen Zeit ihre Bäume zu Hause schmücken, nämlich nach dem Mittagessen, und sie brauchen meistens, bis es dunkel wird. In dieser Zeit macht es gar nichts, wenn ich einfach weg bin. Bei meinen Freunden ist es genauso. So treffen wir uns Weihnachten immer, wenn die Bäume geschmückt werden, außerhalb der Stadt und streunen durch die Gegend. Sogar Adalbert ist dabei. Das ist immer ein ganz besonderer Nachmittag im Jahr. Wir freuen uns schon abends auf die Geschenke und sind ganz friedlich. Keiner streitet mit keinem. Sogar Franz nicht. Otto hat an diesem Tag sogar meistens nichts zum Essen dabei. Das ist dann richtig Weihnachten für uns. Wir streunen nur einfach so herum, erzählen uns Geschichten aus dem letzten Jahr und machen aus, welche Streiche wir nach den Ferien in der Schule machen wollen. Es macht auch nichts, wenn Marie-Hedwig dabei ist, auch wenn sie ein Mädchen ist.

***

Wenn es dann dunkel wird, gehen wir heim. Das letzte Stück gehe ich immer mit Marie-Hedwig, denn die wohnt direkt neben uns. Seit letztem Jahr gibt sie mir auch immer einen Kuss auf die Wange, wenn wir uns verabschieden, und wünscht mir frohe Weihnachten. Aber das macht sie nur Weihnachten.

So komme ich dann immer ganz glücklich und friedlich heim. Und das ist auch der einzige Tag, wo Mama und Papa nicht fragen, wo ich gewesen bin und was ich gemacht habe, sondern nur einfach sagen: „Wasch dir die Hände und komm dann zum Essen, aber beeil dich, denn nachher kommt das Christkind und bringt die Geschenke, und das sollen wir nicht warten lassen."

Das machen sie jedes Jahr, obwohl sie wissen, dass ich weiß, dass es das Christkind gar nicht gibt. So wenig wie den Weihnachtsmann, und den schon erst recht nicht, denn der ist eine Erfindung von Coca Cola. Dann schon eher das Christkind.

Auf jeden Fall geht nach dem Essen die Mama immer raus und dann läutet auch schon ein Glöckchen und dann sagt Papa: „Oh, das Christkind war da. Es hat sicher schon die Geschenke ins Wohnzimmer gebracht. Lass uns reingehen."

Und Mama ist dann schon immer im Wohnzimmer und hat die Lichter ausgeschaltet und nur die Kerzen am Adventskranz und die Lichter am Weihnachtsbaum brennen. Da sehe ich dann den geschmückten Weihnachtsbaum das erste Mal. Und jedes Mal bin ich dann ein bisschen ehrfürchtig und glaube ein bisschen an das Christkind.

Wir stellen uns dann immer vor dem Baum auf und Mama liest eine Geschichte aus einem Buch aus der Kirche vor, die so beginnt: „In jenen Tagen erließ Kaiser Augustus den Befehl, alle Bewohner des Reiches in Steuerlisten einzutragen."

Die Geschichte geht noch weiter. Da ich sie jedes Jahr höre, kenne ich sie schon. Und trotzdem freue ich mich jedes Jahr irgendwie wieder, sie zu hören. Mama ist da immer ganz anders, wenn sie diese Geschichte vorliest. Einmal hat sie gesagt, sie erinnert sich dann dabei, wie ihre Mama diese Geschichte vorgelesen hat. Schade, ich werde sie nicht vorlesen können, da ich keine Mama werden kann. Aber vielleicht können Papas auch mal die Geschichte vorlesen.

Nach der Geschichte beten wir noch etwas und singen ein paar Lieder. Dabei streiten wir niemals und alle singen mit.

Dann werden die Geschenke ausgepackt. Das Auspacken ist meist schöner als die Geschenke. Wenn die Geschenke ausgepackt sind und wir uns darüber gefreut haben, bringt Mama immer einen Punsch und die Plätzchen, die wir im Advent noch nicht aufgegessen haben.

***

Am nächsten Tag und am übernächsten Tag ist auch noch Weihnachten. An diesen Tagen ist Weihnachten aber nicht so schön, weil wir Verwandte besuchen und die uns. Das allein wäre ja nicht so schlimm, aber schlimm ist, dass ich an diesen Tagen meine Freunde nicht sehen darf.

Erst am Tag nach diesen Weihnachtstagen. Das ist dann wieder richtig schönes Weihnachten. Wir prahlen mit unsern Geschenken, spielen damit und fangen auch wieder zu streiten an. Das ist dann wie immer und vielleicht deswegen kein richtiges Weihnachten mehr.

***

Auf jeden Fall ist dann, wenn die Schule angeht, Weihnachten richtig vorbei. Aber das macht nichts, denn dann kann man sich ja schon wieder auf das nächste Weihnachten freuen.

Nina Maluzi

NORDWÄRTS

„D u wärst auch gerne so viel mehr geworden." Mit diesem Gedanken umfasste sie die zart-feine Schneeflocke, die beinahe auf ihrer Nasenspitze gelandet wäre. Das jährliche Erdbeben erschütterte ihre kleine Welt, die bis auf einen Monat im Jahr in vollkommener Dunkelheit lag. Schnell kniff sie die Augen zusammen, wissend, dass im nächsten Moment alles von gleißendem Licht erhellt sein würde.

Behutsam öffnete sie die Lider. Das altbekannte Meer von kleinen Lichtchen, orange aufsteigenden Flammen im steinernen Kamin, Gerüche nach Zimt, Tannengrün und Weihnachtsplätzchen. Mit einem Ruck landete ihr Zuhause, die Schneekugel, an der gleichen Stelle wie jedes Jahr. Dieser Platz befand sich nicht allzu weit vom Kamin entfernt und sie würde in den nächsten Wochen schlecht schlafen können, da die Wärme, die das Feuer ausstrahlte, sie daran hindern würde.

Ein erneutes Ruckeln, Luftbläschen stiegen neben ihr auf und im nächsten Moment rieselten kleine, feine Plastikflocken auf sie herab. Mit ausgebreiteten Armen stand sie da, neben ihr eine grüne Tanne, unter der sich ein bunter Berg von Geschenken türmte. Umschlossen von farbigen Schleifen, in ihrem Inneren jedoch leer.

„Schön, oder? Wie jedes Jahr!", drang eine Frauenstimme wie aus einer fernen Welt an ihr Ohr. Es waren noch nicht alle Schneeflocken auf sie niedergegangen, als das Interesse schon wieder dem nächsten glitzernden Weihnachtsschmuck galt. Verschwommen und schemenhaft konnte sie die Körper der Menschen ausmachen, die in diesem Haus lebten und alles für das Weihnachtsfest schmückten.

In ihrer Schneekugel war das ganze Jahr Weihnachten.

Manchmal wünschte sie, sie hätten ihr nicht nur eine schweigende Tanne zur Seite gestellt, sondern noch eine Familie oder vielleicht einen kleinen Hund, mit dem sie sich in den dunklen Monaten hätte unterhalten können. An so was hatte niemand gedacht, bevor sie in diese immer winterliche Welt eingesperrt worden war.

Auf der anderen Seite landeten frischgebackene Kekse in einer Kristallschale und wurden sogleich freudig von unterschiedlichen Händen gegriffen. Ein paar Krümel fielen auf den Tisch und der süßliche Duft von frischem Backwerk wehte in ihre Nase. Sie lächelte.

Die Flammen loderten noch, nachdem das Zimmer schon lange verlassen worden war. Stille herrschte im Haus, als sie die Anwesenheit von einem Wesen spürte, etwas Neuem, das im vorigen Jahr noch nicht dagewesen war. Unfähig sich von der Stelle zu rühren, weil ihre Füßchen zu fest auf der Unterlage klebten, versuchte sie vor und zurück zu wippen, um den Fußboden erblicken zu können. Es war unmöglich. In der gleichen Sekunde jedoch landete etwas pelzig-schwarzes mit einem Satz vor der Schneekugel.

Der Schreck fuhr ihr so tief in die Glieder, dass die filigranen Flügelchen auf ihrem Rücken leicht vibrierten. Sie war unfähig zu schreien, da ihr Mund zwar stets lächelte, doch immer verschlossen blieb. Große, gelbe Augen blickten direkt in ihre Welt, lugten neugierig in ihr Zuhause. Dann fuhr eine schmale, rosa Zunge über das spiegelglatte Glas.

„Schmeckt langweilig", flüsterte die Katze, „und nicht nach Schnee."

Das Tier bog seinen Körper, um sich wie ein Kreis um die Schneekugel zu schmiegen. Einen Moment verharrte die Katze in dieser Position, bevor sie begann, mit den Pfoten von oben auf die Kugel zu schlagen. Die kleinen Erschütterungen ließen den Plastikschnee über den Boden tanzen. Dann erhob sich das schlanke, schwarze Tier, streckte seinen Körper und stupste die Schneekugel mit der hinteren Pfote so fest an, dass sie in die Tiefe fiel.

Währenddessen sprang auch die Katze vom Tisch, landete lautlos, im Gegensatz zu der Schneekugel, auf allen Vieren auf dem Boden und flüsterte: „Ich war es nicht und habe nichts gesehen. In der Balkontür ist eine Katzenklappe!"

Trotz des gesplitterten Glases erschien niemand, um nachzusehen, was geschehen war. Wasser sickerte in die Dielen des Holzbodens und der Baum war entzwei gebrochen. Steif waren ihre Glieder von der jahrelangen Starre und es dauerte eine geraume Zeit, bis sie ihre ausgestreckten Arme wieder beugen konnte. Aus ihrem rosa Kleidchen war eine Ecke herausgebrochen. Das machte aber nichts, denn sie trug dieses Kleid nun schon ewig. Verwundert war sie über die rosa Schühchen, die man ihr an die Füße gemalt hatte. Sie passten überhaupt nicht zu ihr, wie sie fand. Um ehrlich zu sein, war sie froh darüber, dass sie diese in den letzten Jahren nicht hatte sehen können!

Die Flügelchen waren unversehrt geblieben und es fühlte sich wunderbar an, als sie deren Bewegungen spürte. Langsam richtete sie sich auf und schaute in das Gesicht der Katze, die mit ihrer Nase keinen Millimeter von ihrer entfernt war. So standen sie sich einen Moment gegenüber, bevor sie auf ihren pelzigen Rücken kletterte. Im Kamin erlosch nach und nach die rotglühende Asche.

Nebel zog über den großen Fluss und eisiger Wind fegte über die schlafende Welt. Ihr Atem wurde zu kleinen Rauchwolken, die die Dunkelheit verschluckten. Die Fassade der alten Stadt war festlich geschmückt, Lichterketten an den Häusern konnte man schon aus der Ferne ausmachen. Die Brücke aus Stein lag menschenleer vor ihnen.

Sie jagten auf die zwei Türme des Domes zu, der vor ihnen am Himmel aufragte, umringt von Holzgerüsten, die darauf schließen ließen, dass dort trotz des Winters und bevorstehenden Weihnachtsfestes fleißig gearbeitet wurde. Auf dem Domplatz, leergefegt vom Leben des Tages, kletterte sie vom Rücken der Katze. Beide schauten ehrfürchtig in die Höhe. In diesem Moment fielen die ersten Schneeflocken des Winters vom Himmel. Diesmal waren die Schneekristalle echt.

Das Tier hatte ihr zugeflüstert, dass es Wasser auf dem Fell gar nicht möge. Wortlos verschwand es in der Dunkelheit der Nacht. So leise, wie es zuvor erschienen war.

Sie war bis auf die Turmspitze geklettert. Der Anstieg war kräftezehrend, doch je höher sie gelangte, desto wohliger umschloss sie ein Gefühl von grenzenloser Freiheit. Von oben sah die Stadt klein und winzig aus, glich einer Spielzeugwelt, gespickt von den unzähligen Lichtern der Straßenlaternen und Lichterketten. Die kleinen Flocken, zuerst zaghaft rieselnd, hatten sich verändert und fegten nun als Schneesturm durch die Lüfte.

Ihr kam die zerbrochene Tanne aus der Schneekugel in den Sinn. Ein Gedanke so flüchtig und ungreifbar wie der Wind. Einen Moment spürte sie Traurigkeit in sich aufsteigen, dass sie die Tanne nie wiedersehen würde. Dann breitete sie die Flügel aus und ließ sich von der nächsten Windbö Richtung Nordpol tragen. Dorthin, wo ihr Zuhause war.

Marita A. Panzer

DER GESTUTZTE ENGEL

Bereits nach wenigen Wochen in der ersten Klasse der Volksschule zu Gotteszell wusste ich eines ganz genau – nämlich, was ich nicht werden wollte: Schauspielerin! Und das kam so:

Im Jahre 1955 gab es in der Gotteszeller Volksschule nur eine einzige evangelische Religionsklasse. In ihr waren alle Schülerinnen und Schüler jeglicher Altersstufe zusammengefasst. Diese relativ kleine Gruppe plante aus mir unbekannten Gründen, ein Weihnachtsspiel für die Dorföffentlichkeit aufzuführen. Besagtes Vorhaben brachte mich Erstklässlerin gehörig in Verlegenheit, denn ich war ein schüchternes Kind, das sich lieber im Hintergrund hielt, als ins Rampenlicht zu treten. Nun war es freilich so bestimmt worden, dass alle ausnahmslos mitspielen mussten. Also hoffte ich auf eine eher stumme Rolle: gerne Hirte mit Rauschebart und Schaffell über der Schulter. Da musste ich keinen Text lernen, sondern nur erschrocken auf dem Feld gen Himmel schauen und dann vor der Krippe mit dem Christkindlein niederknien und im Chor ein Gebet sprechen. Das ginge gerade an.

Aber leider gestaltete sich die Rollenverteilung anders: Es mussten noch die himmlischen Heerscharen besetzt werden, die den Hirten auf dem Felde bei den Hürden die Geburt des Heilands verkündeten. Die Wahl fiel auf mich. Ich ganz allein sollte – in Ermangelung weiterer Mitwirkender – die himmlischen Heerscharen darstellen. Ich weigerte mich, sträubte mich heftig, sprach tagelang kein Wort mehr.

Schließlich überzeugte mich aber das versprochene Kostüm: Ein weißes Gewand mit Sternen besetzt, ein Strahlenkranz auf dem Kopf und vor allem goldene Flügel wurden mir versprochen. Dergestalt sollte ich den Hirten auf dem Felde erscheinen und ihnen, im hellen Scheinwerfer sternenglänzend, die frohe Botschaft verkünden: „Vom Himmel hoch, da komm' ich her, ich bring euch gute neue Mär!"

Ich hatte eine tragende Singstimme und konnte das Weihnachtslied, das ich bei meinem Auftritt zu singen hatte, bereits auswendig, denn wir sangen es auch in meiner Familie jährlich unter dem Christbaum vor der Bescherung. Von dieser Seite also drohte keine Gefahr.

Allerdings verliefen die Proben ziemlich chaotisch, nie kamen wir dazu, die weihnachtliche Aufführung im gesamten Ablauf durchzuspielen. Immer fehlte irgendwer oder irgendwas. Vor allem fehlten die Kostüme, die erst kurz vor der Premiere von den fleißig nähenden Müttern mitgebracht wurden. Dabei stellte sich heraus, dass die mir versprochenen goldenen Flügel fehlten und auch das sternenglänzende Engelsgewand entpuppte sich als Betttuch, das nur mit goldenem Geschenkband verziert war. Nun gut, das Gewand konnte ich noch akzeptieren, aber ein Engel ohne Flügel – das ging überhaupt nicht. Ich trotzte und weigerte mich aufzutreten. Da hatte eine der helfenden Mütter eine Idee, anstelle der Flügel würde ich eine schöne Kommunionskerze erhalten, die ich mit der rechten Hand tragen könnte, und den linken Arm sollte ich dann wie einen Flügel abgespreizt hochhalten. Ich war mit der Aussicht auf eine große Kerze, die mit langen Tüllschleifen geschmückt war, sehr zufriedengestellt. Nur das Armabspreizen erschien mir, gelinde gesagt, affig. Inzwischen war die Kerze herbeigeschafft und aus dem Verwahrungskarton gehoben worden. Aber, wie sah die denn aus! Die Schleifen hingen traurig herunter und die schöne lange Kerze war in der Mitte gebrochen. Für eine Notreparatur bestand keine Zeit mehr, denn das Weihnachtsspiel hatte unterdessen begonnen. Die Herbergssuche war bereits abgeschlossen, der Stall gefunden und die Geburt Christi stand kurz bevor. Allmählich sammelten sich die Hirten auf dem Felde und noch immer verweigerte ich meinen Auftritt – ohne die goldenen Flügel, ohne intakte Kerze wollte ich nicht vors Publikum. Da wurde meine Mutter handgreiflich: Sie packte mich an der Schulter, streifte mir flugs das engelmäßige Bettlaken über den Kopf, drückte mir die geknickte Kerze in die rechte Hand und schubste mich hinaus auf die Bühne. Grelles Scheinwerferlicht umfing mich, jetzt musste ich agieren. Wild mit dem freien Arm wedelnd, trat ich auf die erschrockenen Hirten zu, die Kerze wie ein Feuerschwert vorgestreckt und an ihrer Bruchstelle genau in der Mitte oberhalb der Tüllschleifen fest umklammernd, sang ich mit zornig-erhobener Stimme: „Vom Himmel hoch, da komm' ich her …"

Es war ein gewaltiger Auftritt, so die einhellige Meinung des wachgerüttelten Publikums. Allerdings schienen mein Gesichtsausdruck und meine Lautstärke eher den rächenden Gott als die Geburt des Friedensfürsten anzukündigen.

Für mich sechsjährige Schülerin war damit aber eines völlig klar: Nie werde ich Schauspielerin! Niemals, nein danke!

Thomas Schmid

WIE IMMER – NUR SCHLIMMER

MACHT HOCH DIE TÜR, DIE TOR MACHT WEIT
Sepp und Annemarie flanieren durch den Duft von gebrannten Mandeln, gebratenen Würstchen, Glühwein und Zuckerwatte. Die Jodokskirche leuchtet im Scheinwerferlicht, als wäre sie eigens für den Landshuter Christkindlmarkt gebaut worden, und die Marktbuden wirken in der Kulisse der Freyung wie eine weihnachtliche Spielstadt. Es nieselt. Sepp setzt seine Mütze auf, Annemarie stülpt sich die Kapuze ihrer Jacke über. Beide haben die Hände in den Taschen. Sepp betrachtet ein Paar, das Händchen haltend an der Kindereisenbahn steht und einem Buben im zweiten Waggon winkt. Wie lang es her ist, dass Lukas mit dieser Bahn fuhr.

Annemarie beobachtet ein junges Paar am Glühweinstand. Die Frau pustet auf ihre Tasse, der Mann streichelt ihr über die Wange und sie erwidert das mit einem Kuss.

„Möchtest du einen Glühwein?", fragt Annemarie unter ihrer Kapuze heraus. „Die haben sicher auch alkoholfreien."

Sepp schüttelt den Kopf und redet über die Gewinnspanne von Glühweinverkäufern, da beschleunigt Annemarie bereits ihre Schritte. „Da vorn gibt's die Krippenfiguren!"

141

Annemarie verstaut ein paar Schafe, ein Pferd, einen Elefanten sowie ein Kamel und Ochs und Esel in ihrem Cityrucksack. „Unsere Friedamaus spielt doch so gern mit Tieren!"

Sepp klappt die Ohrenschützer seiner Mütze herunter. „Aber die feiern doch heuer bei Lisas Eltern."

„Vielleicht kommen sie ja nach den Feiertagen." Annemarie zieht den Reißverschluss zu und stutzt. „Das ist doch der Hirtsmüller, da vorn!"

Auf einer Bank hockt ihr Nachbar. Neben ihm am Boden liegt eine kleine Schnapsflasche. Sepp und Annemarie gehen hin.

„Ah, die Nachbarn." Im Aufstehen schiebt Hirtsmüller die Flasche mit dem Fuß unter die Bank.

„Auch auf dem Christkindlmarkt, Schorsch?", fragt Sepp das Offensichtliche.

Hirtsmüller sieht ihn mit glasigen Augen an. „Das erste Mal wieder, seit Simone …" Das „tot ist" verschluckt er.

„Also, dann", Sepp will weiter. „Schöne Feiertage, Schorsch."

Aber Annemarie bleibt stehen. „Bist du mit dem Auto da?" Hirtsmüller nickt. Da hakt Annemarie ihn kurzerhand unter.

Zu dritt fahren sie in ihrem Auto bis zu Hirtsmüllers Parkplatz. Dort steigt Sepp um in den nachbarlichen Kombi. Annemarie und Hirtsmüller fahren voraus Richtung Tiefenbach. Und Sepp steuert den Kombi hinter ihnen her. Er fühlt sich unwohl in dem fremden Auto. Am Schlüssel baumelt ein in Acryl gegossenes Foto von Simone. In Gedanken sieht Sepp die vor einer halben Ewigkeit frisch eingezogene Nachbarin unter der Gartendusche. Sie winkt. Annemarie vor ihm blinkt, Sepp blinkt ebenfalls. Er und Annemarie haben sich in der Tanzschule kennengelernt. Der erste Tanz. Ihr Gesicht ist ganz nah. Und wie kleine Ohren sie hat. „Ich komme aus Tiefenbach", sagt ihr Mund. Sepp lächelt. „Aha, eine Tiefenbachie. Und noch dazu eine so schöne." Dieser Witz war der Anfang ihrer Liebe. Dann der Hausbau und die Geburt von Lukas, dann dessen Hochzeit mit Lisa, Friedas Taufe … Weihnachten kommt jedes Jahr schneller, denkt Sepp und parkt den Kombi in Hirtsmüllers Einfahrt. Was reden die da jetzt noch? Hoffentlich lädt Annemarie den nicht für Heiligabend ein. Endlich steigt Hirtsmüller aus. Sepp gibt ihm den Schlüssel zurück.

„Danke", sagt Hirtsmüller heiser und einen Augenblick lang fürchtet Sepp, der Nachbar würde ihn umarmen.

Annemarie bückt sich nach einem kleinen Kiefernzapfen und steckt ihn zurück in den weihnachtlichen Kranz an ihrer Haustür. Drin schlüpft sie aus ihren Schuhen. „Ach, ja, ich hab den Hirtsmüller für Heiligabend eingeladen." Sepp seufzt. Annemarie sieht ihn vorwurfsvoll an. „Wir sind eh nur zu zweit und er ist ganz allein!" Sepp hängt seine nasse Mütze an den Haken. „Dann feier halt gleich bei ihm drüben."

„Depp!", sagt Annemarie.

IHR KINDERLEIN KOMMET

Zufrieden betrachtet Annemarie den fertig geschmückten Christbaum. Behutsam legt Sepp das wächserne Jesulein in die Krippe. Klingelingeling, klingelt es an der Haustür. Annemarie schaut auf die Uhr. „Wir hatten doch um sieben gesagt …" Sepp geht und öffnet. Vor der Tür steht nicht der Hirtsmüller, sondern Lukas und hinter ihm steigen Lisa und die kleine Frieda aus dem Auto.

„Lisas Eltern", Lukas wedelt mit der Hand vor seinem Gesicht, „die stecken echt in einer Krise!"

„Die kriegen sich schon wieder ein und wir besuchen sie lieber morgen", sagt Lisa und trägt Frieda ins Haus. „Oder übermorgen."

„Oder gar nicht", flüstert Lukas und umarmt Annemarie und Sepp.

Annemarie schaltet die Kerzen vom Christbaum ein, aber Frieda rennt schnurstracks zur Krippe und schon sprudelt ein Wasserfall unverständlicher Laute aus ihr heraus.

Leicht genervt davon, dass seine Enkelin mit drei Jahren noch immer brabbelt wie ein Baby, schaut Sepp hilflos zu Lukas, aber der zuckt nur mit den Achseln, während Lisa bereits dolmetscht: „Frieda sagt, der arme Babybub friert ganz schrecklich, da, so nackt im Heu, nur mit seiner nassen Windel. Und ohne Socken.“

Lukas und Annemarie decken zusammen den Wohnzimmertisch für das Festessen. Lisa legt Geschenke unter den Baum und Frieda spielt mit den Krippentieren. Sie schaut zu Sepp und plappert drauf los. Sepp lächelt verständnislos zurück.

„Frieda sagt, der Elefant und das Kamel sind dicke Kindergartenfreunde“, übersetzt Lisa.

Sepp holt eine Flasche Wein aus dem Keller, öffnet sie in der Küche und stellt sie auf den Wohnzimmertisch. „Fast ein bisschen heiß hier drin!“ Er will die Heizung etwas zurückdrehen und erschrickt. Auf dem Heizkörper liegt ein zusammengeschmolzenes Etwas in einer wachsdurchtränkten Windel, aus der noch ein Rest Fuß herausragt. Annemarie wirft Sepp einen warnenden Blick zu und sagt: „Das ist überhaupt nicht schlimm, Friedamaus!“

Die Friedamaus brabbelt aufgeregt eine ganze Litanei. Lisa streicht ihr beruhigend über die Haare. „Natürlich Frieda … ja, das stimmt … nein, niemand hier will, dass ein Babylein erfriert.“ Sie schaut zu Sepp und formuliert tonlos mit den Lippen: „Wir ersetzen das natürlich!“

Sepp ringt sich ein Lächeln ab, geht in die Küche und entsorgt das weiche Wachsklümpchen, das ihm seine Eltern vor vielen Jahren von ihrer Pilgerreise ins Heilige Land mitgebracht haben.

Klingelingeling. Diesmal ist es Hirtsmüller. Er streckt Sepp eine Flasche Marillenlikör hin. „Frohe Weihnachten allerseits!“

WE WISH YOU A MERRY CHRISTMAS

Gerade fängt die Playlist von Lukas' Handy zum zweiten Mal von vorn an. Hirtsmüller, Lisa, Annemarie, Lukas und Sepp sitzen satt um den Wohnzimmertisch. Längst sind die Geschenke ausgetauscht und eine zweite Flasche Wein geöffnet. Geschenkpapier liegt herum, sämtliche Krippenfiguren bevölkern den Teppich und um Annemaries Hals ist ein dünner Schal geschlungen. Hirtsmüller erklärt, er fange jetzt an, Simones Sachen zu verschenken. Und dieses Tuch hätte sie ganz besonders gemocht. So leicht, aus echter Seide. Annemarie nickt charmant, nimmt den Schal ab, lässt ihn durch ihre Finger gleiten und hängt ihn über die Stuhllehne. „Wo ist eigentlich meine Friedamaus?" Noch während sie es fragt, ertönen aus dem Klo aufgeregte Rufe in Babysprache. Alle rennen hinaus. Die Klotür steht offen. Frieda rudert mit den Armen durch die Luft, die Spülung läuft und läuft und über den Schüsselrand ergießt sich bereits Wasser. Sepp drückt abwechselnd auf den verklemmten Spülknopf und fischt aufgeweichtes Klopapier aus der Schüssel. Immer tiefer fasst er hinein, ertastet eine ganze Rolle, kann aber nur winzige Fetzen davon heraufbefördern.

Das Wasser läuft bereits über die Schwelle. Lisa und Frieda flüchten auf das kleine Sofa im Flur. Lukas und Annemarie holen Handtücher und bauen daraus einen Damm. Hirtsmüller kommt mit seinem Weinglas voller Marillenlikör in der Hand hinzu. „Jemand muss das Wasser absperren."

Verärgert darüber, dass ihm das nicht selbst eingefallen ist, spurtet Sepp zur Kellertür, drückt die Klinke und rüttelt. Abgeschlossen! Und vom Schlüssel keine Spur.

Alle sehen zu Frieda. „Wo ist der Schlüssel?", fragt Annemarie. „Sag, hast du den vielleicht versteckt?" Frieda hockt neben ihrer Mutter auf dem kleinen Sofa und blinzelt. „Wo ist der Schlüssel, Friedamaus?", wiederholt Annemarie, um Ruhe bemüht. Frieda lächelt engelsgleich und zugleich kommt ein Schwall unverständlicher Laute aus ihrem Mund. Aller Blicke richten sich auf Lisa, aber die lächelt genauso engelsgleich wie ihre Tochter und zuckt ratlos mit den Schultern.

„Kellertür aufstemmen!", beschließt Sepp. Der Handtuchdamm ist inzwischen völlig durchweicht und das Wasser überschwemmt bereits den Flur. Die Zeit drängt. Sepp muss jetzt schnell den Absperrhahn im Keller erreichen. Lieber eine demolierte Tür, als das ganze Parkett ruiniert. Sepp erstarrt. Sein ganzes Werkzeug ist – im Keller!

Die Axt, schießt es ihm durch den Kopf. Er will schon raus in die Garage, da hört er Hirtsmüller in seinem Rücken lallen. „Da muss doch auch innen drinnen ein Absperrdings sein, innen im Spülkasten drinnen."

Stimmt! Hektisch schraubt Sepp den Drückerdeckel von der Wand und jubiliert: „Da ist es!" Er greift in den Unterputzspülkasten, dreht so fest er kann – und schreit auf. Wasser spritzt ihm jetzt direkt aus der Wand ins Gesicht. Das lose Zulaufventil in der Hand sinkt Sepp verzweifelt in die Fluten. Aber da fühlt er sich plötzlich an der Hand genommen. Frieda führt Sepp ins Wohnzimmer bis vor den Stall von Bethlehem. Und da sieht er ihn. Im Licht der kleinen Stalllaterne glänzt der Kellerschlüssel golden im Stroh der Krippe.

OH DU FRÖHLICHE

Lukas wiegt Frieda im Arm. Der Haupthahn im Keller ist zugedreht. Lisa und Sepp räumen den Tisch ab. Annemarie weckt den auf der Couch eingeschlafenen Hirtsmüller und schlingt ihm Simones Schal um den Hals.

Sepp bringt den Nachbar an die Tür und klopft ihm zum Abschied auf die Schulter. Wieder zurück wählt Sepp die Nummer vom Sanitär-Notdienst und vereinbart einen Termin für morgen früh. Einen Augenblick lang steht er noch im Flur und sieht dem Parkett beim Trocknen zu. Als er wieder zurück ins Wohnzimmer kommt, sind alle anderen in der Küche. Nur Frieda steht auf dem Fensterbrett und winkt ihn zu sich. „Obacht, Frieda, nicht dass du noch runterfällst." Sepp stellt sich neben sie. Seine Enkelin tapst mit der Hand gegen die Scheibe und nuschelt leise ein paar Worte in ihrer Sprache. „Ja, Friedamaus", sagt Sepp, „du hast Recht, es schneit."

STILLE NACHT

Frieda und ihre Eltern schlafen bereits in Lukas' altem Kinderzimmer. Sepp legt sich neben Annemarie ins Bett, streckt sich aus und seufzt. „Geschafft!"

„Wie immer", murmelt Annemarie.

„Nur schlimmer." Sepp rückt näher an sie heran, streicht ihr Ohr frei und küsst es.

Annemarie dreht sich zu ihm herum und küsst ihn zurück wie schon lange nicht mehr.

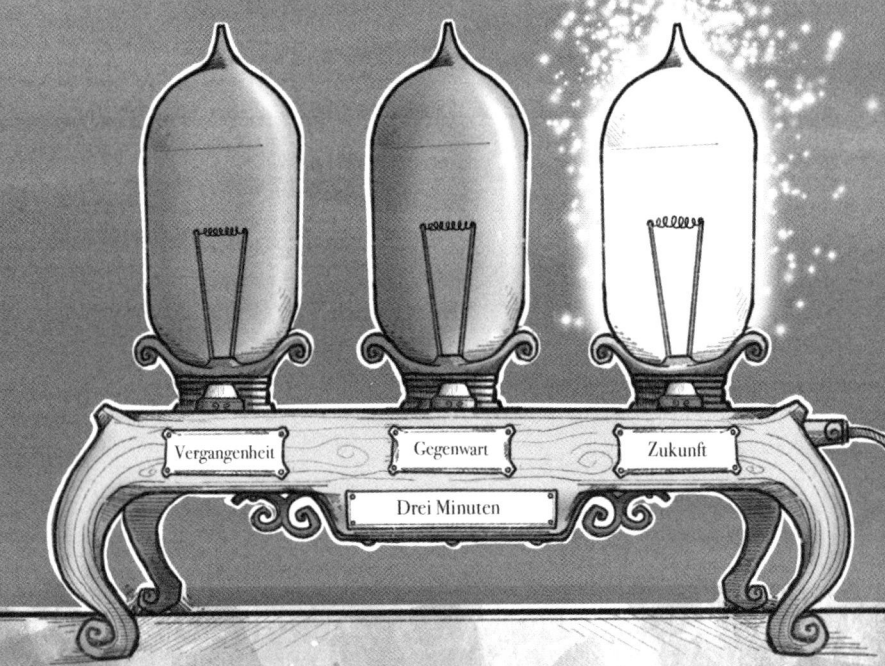

Karin Seethaler

EIN UNERWARTETES WEIHNACHTSGESCHENK

Morgen kommt ihre Mutter wieder zurück. Seit dem Tod des Vaters besucht sie jedes Jahr vor Weihnachten ein paar Tage ihre Freundin. Bereits sieben Jahre ist es her, dass Vater völlig unerwartet starb. Herzstillstand. Er legte sich abends ins Bett und wachte nicht mehr auf. Es war ein großer Schock für alle. Ihr kam es so vor, als habe sich ihre Mutter niemals richtig davon erholt. Sie klagt zwar nicht, doch Hannah weiß, dass ihr die Einsamkeit zu schaffen macht. Mit einem tiefen Seufzer schließt sie die Haustür ihrer Mutter auf. Sie will nur die Heizung aufdrehen und zur Begrüßung einen Blumenstrauß auf den Tisch stellen. Im Keller findet sie eine passende Vase. Als sie gerade das Licht ausschalten will, fällt ihr Blick auf ein Holzgestell, auf das drei unverhältnismäßig große goldene Glühbirnen geschraubt sind. Es scheint eine etwas spezielle Tischlampe zu sein. Hannah hat sie noch nie bei ihrer Mutter gesehen. Vielleicht geben die goldenen Glühbirnen für die Weihnachtszeit ein schönes stimmungsvolles Licht. Kurzentschlossen nimmt sie die Tischlampe und trägt sie zusammen mit der Vase ins Wohnzimmer. Sie stellt die Blumen in die Vase und platziert die Tischlampe auf die Kommode. Dabei bemerkt sie eine Beschriftung, die auf der Holzfassung eingraviert ist: DREI MINUTEN. Was soll denn das bedeuten? Brennen die Lampen etwa nur drei Minuten? Jetzt sieht sie, dass unter jeder Glühbirne nochmals ein Wort eingraviert ist, sehr klein und trotzdem gut lesbar: VERGANGENHEIT steht unter der ersten Glühbirne, ZUKUNFT unter der zweiten und GEGENWART unter der dritten.

∗∗∗

Alles sehr seltsam. Erwartungsvoll steckt sie den Stecker in die Steckdose. Sie entdeckt unter jedem eingravierten Wort einen Einschaltknopf. Sie drückt den ersten, unter dem das kleine Wort VERGANGENHEIT eingraviert ist. Sofort erstrahlt die Glühbirne in einem warmen, goldenen Licht. Es leuchtet nur ein paar Sekunden, dann löst es sich in viele kleine flimmernde Punkte auf, die sich alsbald zu einem klaren Bild formen. Sie erkennt den Stadtturm von Straubing. Erschrocken starrt sie auf das Bild. Träumt sie? Aber nein, sie sieht ganz klar den Stadtturm auf der Oberfläche der Glühbirne. Jetzt beginnt das Bild sich zu bewegen wie bei einem Film. Schneeflocken beginnen sanft über das Bild zu rieseln. Sie sieht Passanten, die am Stadtturm vorbeieilen. Ihr Blick wird auf eine junge Frau gelenkt. Sie erkennt sofort ihre Mutter – jung und bildhübsch ist sie, mit zwei Einkaufstaschen bepackt. Sie versucht gerade umständlich den Henkel einer Einkaufstasche auf die Fahrradstange zu hängen. Der Henkel reißt, die Tasche fällt zu Boden und Kartoffeln rollen in alle Richtungen. Flink sammelt sie die herumliegenden Kartoffeln auf. Ein junger Mann kommt hinzu und hilft ihr beim Einsammeln. Es ist der Vater. Auch er ist blutjung, mit vollem, dichtem Haar und einem verschmitzten Lächeln, das ihm bis ins hohe Alter eigen war. Als ihre Mutter aufschaut, treffen sich ihre Blicke. Die Zeit bleibt stehen. Nur die Schneeflocken tanzen weiterhin sanft um sie herum. Sie spüren die Kälte nicht, sehen die vorbeieilenden Passanten nicht, vergessen die herumliegenden Kartoffeln. Ein Hauch von Ewigkeit hüllt zukunftsatmend die einander zugewandten Blicke ein. Plötzlich ein Klick. Das goldene Licht deckt das Bild langsam wieder zu. Unverdeckt bleiben nur die Blicke ihrer Eltern. Hannah meint einen Glanz von sehnsuchtsvoller Hoffnung nach Liebe darin zu erkennen. Diese so liebevollen und gleichzeitig nach Liebe sehnenden Blicke ihrer Eltern kommen ihr vertraut vor.

***

Doch wie kann das sein? Ihre Eltern hatten wahrlich keine leichte Ehe. Es wurde oft gestritten. Jedes Mal, wenn ihre Mutter nach einem Streit weinte, weinte Hannah mit. Doch dieser liebevolle Blick ihrer Eltern, den sie noch immer auf der Glühbirne sieht, warum ist er ihr so vertraut? Während der Kopf noch überlegt, antwortet ihr Herz mit Bildern, die vor ihrem inneren Auge aufsteigen. Sie sieht den Vater, der die Mutter küsst, bevor er das Haus verlässt; wie er ihr einfühlsam ihre Beine massiert, wenn sie wieder über Schmerzen klagte. Sie sieht die Mutter, wie sie den Vater liebevoll umsorgt, als er krank ist und wie beide Hand in Hand am Donauufer entlangspazieren. In all diesen Bildern längst vergangener Zeiten ist dieser liebevolle Blick zu finden. Ja, es stimmt, ihre Eltern haben sich oft gestritten, aber sie haben sich auch geliebt. Die Bilder, die in ihr aufgestiegen sind, geben Zeugnis davon. Ihre Liebe zeigte sich in stillen Augenblicken. Sie war fast scheu und doch auch stark. So stark, dass sich ihre Eltern immer wieder versöhnten; so stark, dass sie sich trotz der vielen Aufs und Abs ein Leben lang die Treue hielten. Wie konnte sie dies nur vergessen? Dankbar schaut sie auf die Glühbirne, die inzwischen erloschen ist. Doch jetzt leuchten in Hannah die kostbaren Erinnerungen.

***

Ihr Blick wandert nun zur zweiten Glühbirne und auf das darunter eingravierte Wort ZUKUNFT. Sie überlegt nicht lang und drückt den Einschaltknopf. Sogleich erleuchtet auch diese Glühbirne in einem warmen goldenen Licht. Es löst sich nach wenigen Sekunden in viele kleine flimmernde Punkte auf und es erscheint wieder ein Bild. Hannah erkennt ihre Mutter, die friedlich auf dem Sofa sitzt. Sie sieht hübsch aus und wirkt auffallend jung, trotz ihrer grauen, streng nach hinten gebundenen Haare. Nun wird Hannahs Blick auf die Augen ihrer Mutter gelenkt. Sie meint darin auch wieder den Glanz einer sehnsuchtsvollen Hoffnung nach Liebe zu erkennen. Seit dem Tod des Vaters hat sie die Augen ihrer Mutter nicht mehr so strahlend gesehen. Im Gegenteil, ihr Blick war oft traurig. Hannah konnte diesen Blick nur schwer ertragen und manchmal hielt sie ihn kaum aus. Sie hatte aber im Laufe der Zeit gelernt, sich vor diesem Blick zu schützen. Eine Mauer von Gedanken wehrte in ihr die Traurigkeit ihrer Mutter ab. Es ginge sonst beiden schlecht und niemandenm sei damit geholfen, sagte sie zu sich selbst. Außerdem sei es nicht ihre Aufgabe, sondern die Aufgabe ihrer Mutter, mit der Einsamkeit leben zu lernen. Doch was ist da passiert, dass die Augen ihrer Mutter jetzt so strahlen? Das Bild beginnt sich zu bewegen und ein Mann wird sichtbar, der neben ihrer Mutter auf dem Sofa sitzt. Beide schauen friedlich auf ein kleines Weihnachtsbäumchen, das mit roten Kugeln, kleinen Strohsternen und einer bunten Lichterkette liebevoll geschmückt ist. Ist das nicht Herr Baumann, der nur ein paar Straßen von ihr entfernt wohnt? Hannah kann deutlich erkennen, wie sich ihre Hände berühren. Sie ist sprachlos. Natürlich hat sie gehofft, dass ihre Mutter den Kopf nicht hängen lässt, dass sie immer wieder einmal auch allein etwas Schönes unternehmen wird. Doch mehr oder Größeres hat sie nicht gehofft. Es ist ihr nicht einmal in den Sinn gekommen, dass ihre Mutter wieder einen Partner haben könnte. Eigenartig, obwohl sie doch weiß, dass die Sehnsucht nach Liebe kein Alter kennt. Die Liebe durchdringt alles. Sie durchdringt auch Traurigkeit, Angst und Schmerz. Sie durchdringt auch Hannahs Gedankenmauer, die zu bröckeln beginnt. Durch die Ritzen der Mauer dringen Bruchstücke eines Gedichts, das sie einmal auswendig gelernt hat. „Die Liebe hemmet nichts" heißt es da. „Sie ist ohn' Anbeginn, schlug ewig ihre Flügel und schlägt sie ewiglich." „Ja" flüstert Hannah leise, „die Liebe hemmet nichts. Schlägt ihre Flügel ewiglich."

***

Jetzt fällt ihr Blick auf das eingravierte Wort GEGENWART. Sie erwartet jetzt nichts Großartiges mehr. Was soll auch noch kommen? Vielleicht sieht sie, wie ihre Mutter gerade den Koffer packt? Trotzdem ist sie neugierig und drückt den Einschaltknopf. Im gleichen Moment erleuchtet wieder ein warmes goldenes Licht. Auch dieses Licht löst sich nach ein paar Augenblicken in kleine flimmernde Punkte auf, die sich sogleich zu einem Bild formen. Sie sieht sich selbst. Reflexartig schließt sie die Augen. Nein, das will sie nicht! Sie will sich nicht selbst anschauen. Ihr Herz klopft laut. Warum erschrickt sie eigentlich so? Wovor hat sie Angst? Vor einem traurigen Blick, den sie vielleicht bei sich selbst entdecken würde? Vor der Einsamkeit, die sie sich nicht eingestehen will? Hat sie geglaubt, sie könne diesen Ängsten entkommen, indem sie sich ständig ablenkt? Läuft sie im Grunde genommen nicht eigentlich nur vor sich selbst weg? Hannah erschrickt über diese Gedanken.

***

Sie atmet tief durch. Allmählich wird sie wieder ruhiger. Nein – sie will nicht vor sich selbst weglaufen! Sie öffnet die Augen und erblickt ihre eigene Traurigkeit. Nein, die will sie nicht sehen! Sie konnte die Traurigkeit schon bei ihrer Mutter nicht aushalten. Sie will weg, abhauen, egal wohin. Doch da ist auch noch das warme goldene Licht. Es ist auch da. Dies macht ihr Mut. So viel Mut, dass sie zum ersten Mal ihrem eigenen Blick standhält. Tränen fließen über ihre Wangen. Sie wehrt sich nicht mehr. Sie lässt es geschehen. Sie lässt die Tränen einfach fließen. Unvermittelt blitzen Hoffnungsfunken in ihr auf, wie Sternschnuppen aus der Dunkelheit. Sie leuchten auf, fallen zurück und treffen mitten in ihr Herz. Sie schluchzt laut auf. Sie tun weh, diese Hoffnungsfunken. Wie lange schon hat sie der Sehnsucht nach Liebe den Rücken gekehrt? Ja, sie glaubte, es sei leichter, ohne diese Sehnsucht zu leben. Sie glaubte, dann unabhängiger zu sein. Unabhängig zu sein, war ihr wichtig. Wenn der Mann fürs Leben kommt, gut. Wenn er nicht kommt, auch gut. Auf jeden Fall wollte sie nicht darunter leiden, wenn sie allein bliebe. Bis jetzt hat sie das auch gut hinbekommen. Ihre Bedürfnisse, ihre Gefühle, ihre Sehnsucht, ja sogar die Liebe selbst hat sie aber verdrängt. Ihre Tränen schmecken bitter. Es ist bitter, sich einzugestehen, dass sie sich etwas vorgemacht hat, dass sie sich ihre Situation nur schöngeredet hat.

**

Doch da sind auch Hoffnungsfunken in ihrem Blick. Wollten sie ihr etwa sagen, dass die Sehnsucht nach Liebe noch in ihr lebt? In diesem Moment erlischt das goldene warme Licht. Hannah erschrickt. Doch im gleichen Moment beginnen die Kirchenglocken zu läuten. Hannah schließt die Augen und hört dem Glockenspiel zu, während ihre Tränen fließen. Jeder Glockenschlag, so kommt es ihr vor, tönt von der Weihnachtsbotschaft: „Fürchte dich nicht!" Und immer wieder „Fürchte dich nicht! Wage zu hoffen, wage zu lieben. Folge der Sehnsucht! Suche das Licht! Es kommt zu Dir! Es ist in Dir!"

**

Schließlich verstummen die Glocken. Im Wohnzimmer der Mutter ist es inzwischen dämmrig geworden. Hannahs Blick fällt auf die Tischlampe und auf das nun kaum mehr zu entziffernde Wort „ZUKUNFT". Wird sie vielleicht ein Bild von ihrer eigenen Zukunft sehen, wenn sie nochmals drückt? Ihr Atem stockt, doch ihre Hand tastet bereits nach dem Einschaltknopf – und sie drückt ihn. Das warme goldene Licht strahlt auf und löst sich sogleich in viele kleine Punkte auf. Ein Bild formt sich. Hannah spürt, wie ihr Herz freudig, aufgeregt zu klopfen beginnt. Ihre Augen strahlen. Ein Flügelschlag berührt sanft ihr Gesicht, immer und immer wieder. Nein, dieses große Geschenk zu Weihnachten hat sie wirklich nicht erwartet!

Claudia H. Spelic

WEIHNACHTS-ÜBERRASCHUNG

Erster Advent

„Na, was sagst du zu meiner Deko?"

„Hm, is' schön geworden. Wie jedes Jahr."

Sie schaut ihn aus dem Augenwinkel an. Etwas mehr Anerkennung hat sie schon erwartet. Der alte Fensterschmuck musste sündhaft teuren Designerengelchen Platz machen und der Adventskranz wurde nach ihren Wünschen in der „Blumenfabrik, Florales für jede Gelegenheit" angefertigt. All die Jahre zuvor hatte sie ihn selbst gebunden.

Weihnachten kommt immer so plötzlich. Heuer, hat sie sich vorgenommen, soll es keine Hektik geben. Kein kreativer Schub drei Tage vor Heiligabend. Einmal das Fest in aller Ruhe vorbereiten. Die To-Do-Liste liegt schon seit Wochen in der Küche auf dem Sideboard und hinter den meisten Dingen ist bereits ein Haken. Sie ist zufrieden.

Zweiter Advent

„Überraschung!", verkündet er 15 Tage vor den Feiertagen.

„Wir feiern dieses Jahr Weihnachten ganz romantisch. Alles ist organisiert. Ich habe für uns eine super Hütte gemietet. Ihr fahrt am 22. vor, die Großen können sich vom Schulstress erholen, die Kleinen haben genug Freiraum zum Toben und du genießt die Ruhe. Ich komme am 24. nach. Na, freut ihr euch?"

Elena starrt ihn an.

„Äh, … aber …, ich habe schon die Weihnachtsgans bestellt."

„Ich weiß, die hab' ich gleich wieder storniert, als ich die Zusage für die Hütte hatte."

„Der Tannenbaum steht auch schon hinter dem Haus."

„Einen Weihnachtsbaum bringe ich mit." Seine Augen glänzen und er lacht lausbübisch, als sei ihm ein intelligenter Streich gelungen.

***

Wer, um alles in der Welt, ist auf die glorreiche Idee gekommen, Weihnachten in einer Hütte im Bayerischen Wald zu verbringen? Dieses Jahr sollte das Fest stressfrei vonstattengehen.

Gut, sie hatte irgendwann mal beim Blättern in einem Katalog geschwärmt „Bei Schnee in einer urigen Hütte, wie romantisch ist das denn!", aber man muss so etwas doch nicht gleich in die Tat umsetzen!

Ja, die Beschreibung im Prospekt war verlockend:

„Mitten im Bayerischen Wald zwischen Nationalpark und der Dreiflüsse-Stadt Passau finden Sie die „guten alten Zeiten" wieder. Genießen Sie Hüttenabende mit der Familie. Urige Wände aus handgehauenen Holzbalken, wuchtige Steinwände und wohlige Wärme am offenen Kamin oder im Schwedenofen, wie zu Omas Zeiten. Kuschlige Schlafnischen laden zum Träumen ein. Sie erreichen Ihr gemütliches Domizil in knapp zehn Minuten, über einen kleinen Pfad, vom Parkplatz aus, abseits jeder hektischen Zivilisation." Das ist die Theorie.

22. Dezember

Die Praxis sieht anders aus. Mit zwei Pubertierenden von 13 und 16, den 7-jährigen Zwillingen und Henry, dem Neufundländer, stapft die kleine Gruppe vom Parkplatz aus durch den Schnee. Wo ist der beschriebene Pfad? Er scheint verschwunden. Henry ist offenbar der Einzige, dem das Schneegestöber gefällt. Vergnügt fängt er Flocke um Flocke ohne Müdigkeitsanzeichen. Nach knapp einer Stunde ist endlich die Unterkunft erreicht.

„Schau, Mama", sagt Lisa, „da sind Spuren, die sehen aus wie unsere."

„Genau", schreit Lena, „da hat auch jemand einen Koffer hinter sich hergezogen, wie du, Mama." Elena schweigt.

Die Türe der Hütte klemmt ein wenig, lässt sich aber mit einem beherzten Fußtritt öffnen. Es ist kalt und es riecht muffig. Sie lassen das Gepäck im Eingangsbereich liegen und öffnen als Erstes, trotz der Kälte, die Fenster. Bevor der Schwedenofen geschürt werden kann, muss Brennholz her. Das ist im Preis inbegriffen, sollte also auch vorhanden sein.

„Wo ist mein Zimmer?"

„Hier stinkt's!"

„Mir ist kalt."

„Gibt's hier WLAN?"

„Hört auf zu nörgeln und helft mir, das Brennholz zu suchen."

„Suchen? Dann dauert's ja ewig, bis es warm ist."

„Na toll!"

„Was ist jetzt mit WLAN?"

„Ich weiß es nicht. Ich bin froh, wenn ich eine Telefonverbindung habe."

„Super, wie zu Omas Zeiten, die haben recht!"

„Mir ist kaaaalt!!"

„Hier stinkt's!"

„Wenn ihr weiter diskutiert, brauchen wir noch länger, bis wir heizen können."

„Wo kriegen wir eigentlich einen Weihnachtsbaum her?"

„Papa bringt ihn mit."

„Warum sind wir nicht zusammen gefahren?"

„Weil Papa noch einen Termin hat."

„Blöd. Und was machen wir solange?"

Die Antwort bleibt Elena schuldig, das Telefon klingelt.

„Hallo Leo, ja, wir sind grad angekommen. Saukalt ist es hier. Warum ich noch kein Feuer gemacht habe? Weil wir das Brennholz suchen. Was? Im Schuppen hinterm Haus, super. Also Stiefel wieder an und raus in die Kälte. – Nein, ich meckere nicht. Es wird bestimmt ganz toll."

„Ach ja, wir kommen schon morgen, der Termin am 24. entfällt. Sind gegen Mittag bei euch."

„Wir?!"

„Ja, meine Eltern haben sich spontan entschlossen, auch mit uns Weihnachten zu feiern. Is doch super, die ganze Familie zusammen. Sie können unser Zimmer haben, wir nehmen den Raum mit den Hochbetten und die Kinder schlafen alle zusammen, die werden eine Gaudi haben."

„Bestimmt", denkt Elena, lässt sich aber zu keiner Bemerkung hinreißen.

„Ok, freu mich auf euch, Bussi. Bis bald."

***

Im Schuppen hinterm Haus lagert genügend Brennholz. In kürzester Zeit lodert das Feuer im Kamin.

„Gar nicht so schlecht. Wenn es warm ist, ist es richtig gemütlich. Kinder, Oma und Opa kommen mit Papa zum Weihnachtsfest."

„Echt super! Und wo schlafen sie?"

„Na hier, es gibt doch drei Schlafräume. Ihr dürft mal wieder alle zusammen schlafen."

„Waaas? Ich kann unmöglich mit DEM zusammen schlafen!", stellt die Älteste fest und zeigt auf ihren drei Jahre jüngeren Bruder.

„Das wirst du aber müssen, wir sind hier in einer Hütte im Bayerischen Wald und nicht in der Domresidenz zu Regensburg."

„DER schnarcht, du weißt ja nicht, wie schrecklich das ist!"

„Doch, weiß ich, ich schlafe mit deinem Vater zusammen und das schon seit 20 Jahren."

„Oh Mann!"

***

Nach Abstecken persönlicher Grenzen haben sich die Geschwister häuslich eingerichtet.

„Wenigstens hat die Hütte ein Bad. Wenn mich jemand sucht, dort bin ich die nächste Stunde."

„Dürfen wir raus? Wir nehmen auch Henry mit."

„Aber bleibt in der Nähe."

„Mama, kann ich dein iPad?"

„Kann ich dein iPad haben, heißt das. Was willst du damit?"

„Na, die Geschichte, von der ich dir erzählt hab."

„Ach so, ja, die ist in meiner Bücher-App."

„Danke."

23. Dezember

Es wird voll in der kleinen Stube. Alle sind bester Laune. Die Geschenke werden vorerst im Schlafraum, die Lebensmittel im Kühlschrank bzw. in der Speisekammer deponiert. Die Großeltern haben, wie erwartet, eine Wagenladung Lebensmittel mitgebracht. Man könnte vermuten, sie wollen hier überwintern.

„Leo, wo ist denn der Tannenbaum?"

„Warte, ich blas ihn gleich auf."

„Waaas, du bläst ihn auf?! Ein Plastikteil, das ist nicht dein Ernst."

„Is' doch cool, Deko, Kugeln, alles dran. Ich finde ihn praktisch."

„Leonhard, wo ist die Nordmanntanne, die ich schon gekauft hab'?"

„Die wird dort stehen, wo du sie deponiert hast."

Die Stimmung droht zu kippen.

„Wo ist eigentlich Isabella, ich möchte ihr Doppelkopf beibringen, das wollte sie schon lange lernen."

Das Ablenkungsmanöver ist Opa gelungen. Vom aufgeblasenen Kunststoffteil, welches im Herrgottswinkel seinen Platz findet, verliert niemand mehr ein Wort.

24. Dezember

Der Heilige Abend verläuft erstaunlich harmonisch. Selbst die Tatsache, dass Leonhard diese Hütte bewusst ohne Fernsehgerät ausgewählt hat, ist, nach anfänglichem Unverständnis, akzeptiert worden, wenn auch mit offenkundiger Missbilligung.

Nach der Bescherung zieht sich Bastian in sein Zimmer zurück, die Zwillinge beschäftigen sich mit den vom Christkind gebrachten Geschenken, Isa spielt mit den Großeltern Doppelkopf und Opa ist stolz, dass er es ihr beibringen darf.

Leo und Elena genießen die friedliche Atmosphäre.

25. Dezember

„Hat jemand den griechischen Joghurt gesehen?"

„Welchen?"

„Den Ziegenmilchjoghurt."

„Nö!"

„Iiih, sowas essen wir nicht."

„Aber Oma, den hat sie sich extra mitgebracht. Die Salatgurke ist auch weg."

„Dann frag mal Isa."

„Die isst überhaupt keinen Joghurt."

„Ne, essen nicht."

„Isabella!"

„Bin im Bad, kann jetzt nicht. Hey, warum kommst du einfach rein, Mama!"

„Was hast du im Gesicht?"

„Eine Gesichtsmaske, warum?"

„Oh nein."

Elena schließt die Badezimmertüre von außen.

„Oma, es gibt kein Tsatsiki."

„Ach, schade. Ich dachte, ich hätte griechischen Joghurt dabei."

„Wo ist eigentlich Henry?"

„In der Küche."

„Alleine? Auch das noch, Henryyy, pfui!"

„Was hat er?"

„Den Mülleimer ausgekippt."

„Sag mal, wo ist denn Bastian? Ich sehe ihn nur zu den Mahlzeiten."

„Der hat das Lesen entdeckt."

„Unglaublich, was so ein Aufenthalt ohne TV bewirkt."

Gelächter füllt den Raum. Im Kamin züngeln die Flammen, der aufblasbare Weihnachtsbaum neigt ehrfurchtsvoll seine Spitze, langsam geht ihm die Luft aus, und es findet sich niemand, der ihn aus seiner misslichen Lage befreit und erneut aufbläst.

Elena blickt durch die winzigen Fenster. Es schneit immer noch, die Bäume vermögen kaum, ihre Last zu tragen, den Boden bedecken mindestens 50 cm Neuschnee.

„Und dadurch müssen wir zurück", denkt Elena, „aber erst übermorgen!"

Einen Monat später – Home, Sweet Home

„Leonhard, unsere Telefonrechnung ist gekommen. In der Hütte gab es doch kein WLAN, oder?"

„Nicht, dass ich wüsste."

„Doch", ruft eine Stimme aus der Küche, „in unserem Zimmer schon."

„Woher weißt du das?"

„Du hast mir doch erlaubt, dass ich dein iPad nehm."

„Aber für meine Bücher-App braucht man doch kein WLAN."

„Nö, aber ich hab mir ja die Filme runtergeladen."

„Waaas? Für 187 €?"

Martin Stauder

SCHWARZ UND OHNE GNADE

„**D**ie Jun… Jungfrau Mari…a verhaut d… den M… Menschensohn", stotterte der alte Mann, den man halberfroren im Straßengraben entdeckt hatte. Die Sanitäter wunderten sich nicht über sein wirres Gefasel. Es war seinem miserablen Zustand geschuldet. Sie trugen ihn auf die Liege und rollten sie in das Sanitätsfahrzeug.

***

Der alte Mann hatte die halbe Nacht in dem Wäldchen unweit der kleinen Kapelle der Walburga auf der Lauer gelegen und war schließlich Zeuge eines unfassbaren Vorfalls geworden, der sich in die mörderischen Wochen dieses erbarmungslosen Winters einreihte. Im Dorf verschwanden nämlich die Kinder. In den Nächten lagen Eltern wach in den Betten und bangten. Trotzdem merkten sie nicht, wenn der Kinderschreck die Kleinen holte und durch den Schnee schleifte oder über seinen Schultern davontrug. Ein gemeiner fieser Mörder, eiskalt wie dieser Winter. Jedenfalls glaubten die Leute in Niedermurach, eine Frau könne niemals so viele Kinder gewaltsam aus dem Leben reißen. Niemand hatte ihn jemals gesehen, wie er mit seinen Opfern im Schutz der Dunkelheit den Ort verließ und durch die einsame Schneelandschaft stapfte. Sie alle fanden keine Ruhe – auch an Weihnachten nicht, als die kleine Pauline verschwand und unter ihrem Kopfkissen nur noch ein zerquetschter Weihnachtsmann aus Schokolade zum Vorschein kam. Zum Feiern war sowieso niemandem zumute.

**

Nur der alte Mann, der mit Erfrierungserscheinungen ins Krankenhaus eingeliefert wurde und am nächsten Morgen noch immer am Tropf einer Kochsalzlösung hing, behauptete felsenfest, es handele sich um eine Mörderin. Wer diese Gottlose war, behielt er allerdings für sich. Ansonsten wäre das Weltbild der katholischen Krankenschwestern zusammengebrochen. Atheistinnen hätten die Wahrheit leichter verkraftet. Vielleicht waren die Schwestern auch nur Protestantinnen. Es wäre dann halb so schlimm gewesen. Da er nicht wusste, mit was für Schwestern er es zu tun hatte, war es das Klügste, den Mund zu halten. Außerdem wollte er nicht für verrückt gehalten werden. So fühlte er sich mit der schrecklichen Wahrheit alleingelassen.

**

Schon mehrmals war sie verschwunden gewesen, von der niemand auf den Gedanken kam, sie könne eine Mörderin sein. Wenn sie ihren vertrauten Ort verließ, dann liefen die Telefone im Polizeirevier heiß. Die Eltern vermissten ihre Kinder und der Pfarrer meldete schon wieder einen Diebstahl aus der Wieskapelle. Ein Zusammenhang zwischen dem Kindermörder und dem Diebstahl wurde von der Polizei allerdings in den frostigen Dezemberwind geschlagen. Aufgrund des bitterkalten Winters und weil ganz offenbar auch noch die Heizung ausgefallen war, froren die Menschen in der Kapelle und bibberten fürchterlich. Sie hielten die Andacht kaum aus. Aufgrund der extremen Situation bekamen sie von der Predigt kaum etwas mit und es befanden sich viele unter ihnen, die in ihren Sinnen so getäuscht waren, dass ihnen das dunkle Antlitz der Madonna plötzlich unheimlich erschien. Sie bildeten sich ein, der Frost, unter dem sie litten, strahle aus den sonst gewohnt gütigen Augen der Jungfrau. Alle waren froh, als sie sich später in ihren Stuben wieder aufwärmen konnten.

***

Der alte Mann im Krankenbett hatte sich nicht gefürchtet, sich eine Lungenentzündung zu holen, als er sich in der Nacht zuvor in dem Wald auf die Lauer gelegt hatte. Im fiel die Legende der Walburga ein, die dort die Gebeine eines Mannes aus der Erde geholt hatte, und dann der Schatten der Mörderin, die in einer Endlosschleife das Grauen unter seinem lichten Haarschopf wiederholte. Sie grub in seinem Schädel ein tiefes Loch in den Schnee und verscharrte einen zu Tode geprügelten unschuldigen Leib. Sein Herz pochte wie das panikartige Hämmern gegen eine verschlossene Tür, wenn ein Mörder nur noch wenige Schritte entfernt hinter dem Rücken des Opfers hechelt und das Messer endlich knapp an der Wirbelsäule vorbei ins Fleisch bohrt. Die Erinnerung an das schaurige Ereignis im fahlen Licht der Mondscheibe verschlug ihm den Atem. Frost schüttelte durch seinen Körper und seine Gedanken klebten fest an diesem schrecklichen Bild, bis er endlich davon erlöst in einen unruhigen Schlaf versank. Als er wieder aufwachte, glühte sein Kopf.

„Da sind Sie ja wieder", sagte Schwester Margret.

„Wo bin ich?", fragte der Alte und schaute um sich.

„In der Asklepios-Klinik, Oberviechtach."

„Jetzt erinnere ich mich. Ich wäre fast erfroren."

Der alte Mann betrachtete den Herrn in Uniform, der sich auf der anderen Seite des Bettes über ihn beugte.

Schwester Margret erklärte dem Patienten, der Oberarzt habe die Polizei verständigen müssen, weil er im Traum von den toten Kindern erzählt habe.

„Das ist Herr Breitenstein von der Kripo. Er leitet die SOKO *Kinder der Unschuld*.“

Der Kommissar kam gleich zur Sache: „Sie brachten den Diebstahl der Schwarzen Madonna mit den Kindermorden in Verbindung. Ich weiß, es ist lächerlich, aber ich muss Sie fragen, ob Sie das wirklich so meinen, oder ob diese Sache nur ein Produkt Ihrer Fieberfantasien ist, soweit Sie das überhaupt beurteilen können.“

Der Alte schaute ihn grimmig an, weil er offenbar nicht für voll genommen wurde.

„Wenn es mir gestern gelungen wäre, in die Wieskapelle zu kommen, ich garantiere Ihnen, die Schwarze Madonna hätte ich nicht unter dem gegeißelten Christus gefunden.“

„Das mag sein. Denn nach dem Verschwinden des Kindes in gestriger Nacht klingelten wir den Pfarrer aus dem Bett und er bestätigte uns den Diebstahl. Heute Morgen stand sie allerdings wieder vor dem Altar. Sie sehen, wir machen jetzt doch ernst und ermitteln in alle Richtungen, auch wenn es in diesem Fall albern erscheint. Sie verstehen, es kann keinen Zusammenhang mit den Morden geben. Ich müsste schon auf den Kopf gefallen sein, wenn …“

„Glauben Sie wenigstens heute einem alten Mann, der garantiert nicht auf den Kopf gefallen ist!“, sagte der Alte. Er regte sich so sehr auf, dass er einen schrecklichen Hustenanfall bekam, der nicht aufhören wollte. Schwester Margret wies den Kripobeamten aus dem Krankenzimmer und drückte auf den Alarmknopf. Der alte Mann hörte nicht mit dem Husten auf und lief blau an. Sein Atem blieb stehen. Die Schwester hielt ihn in ihren Armen. Der Stationsarzt konnte nur noch seinen Tod feststellen.

***

Es musste endlich ein Ende mit den Morden haben. Oberkriminalkommissar Max Breitenstein entschloss sich nun doch zu einer ungewöhnlichen Maßnahme und schloss sich eines Nachts in die Wieskapelle ein. Schließlich musste er in alle Richtungen ermitteln, auch wenn er nicht daran glaubte, dass etwas Wahres an dem dran sein konnte, was der alte Mann von den Kindermorden im Traum erzählt hatte. Eine Madonna, die Kinder verprügelt und tötet, war meilenweit aus Herrn Breitensteins Vorstellungen entfernt. Der Kommissar saß in der zweiten Reihe der Sitzbänke und richtete den Lauf seiner Pistole auf den Kopf der Schwarzen Madonna. Er fühlte sich gezwungen, nach diesem letzten Mittel zu greifen. Eher würde er der Madonna eine Kugel verpassen, als dass noch ein Kind sein Leben verlor. Die Kinder waren sicherlich alle tot, wenn man auch keine einzige Leiche gefunden hatte. Es gab wohl keine Hoffnung mehr. Ausgerechnet in diesem kleinen Kaff in der Oberpfalz läuft ein Irrer herum oder gar eine perverse Madonna. Wenn die Madonnen-Statue sich jetzt rührte, würde er schießen.

Er verlor sich in Gedanken über das Mysterium des Gekreuzigten. Warum hatte dieser, der ein Drittel der göttlichen Trinität ist, leiden müssen? Und warum verließen ihn die anderen zwei Drittel? Kaum zu glauben. Er schielte über die Madonna hinweg auf den Gegeißelten.

Breitenstein erinnerte sich, wie seine Mutter ihn einmal verprügelt hatte, weil er abends nicht rechtzeitig zum Essen kam. Er hatte sich in der Winterlandschaft verlaufen. Damals war er erst fünf Jahre alt gewesen, und obwohl er die Lichter seines Dorfes in der Ferne blinken sah, waren sie für ihn viel zu weit weg. Darum hatte er sich müde an einen Baum gelehnt und war eingeschlafen. Welch ein Glück, man hatte ihn noch rechtzeitig im Schnee kauernd gefunden, ansonsten wäre er erfroren. Zu Hause jedoch legte Mutter ihn über das Knie. „Ein paar Schläge auf den Popo schaden dir nicht." Diese Worte klangen noch heute in seinen Ohren.

Breitenstein schreckte aus seinen Gedanken auf. Der Pistolenlauf war versehentlich auf den Leidenden am Kreuz gerichtet. Behutsam zielte er wieder auf den Madonnenschädel. Sie rührte sich nicht. Er hatte nichts anderes erwartet.

Er ärgerte sich, weil er sich von der wirren Quasselei des alten Mannes hatte beeinflussen lassen und nun in der Kälte hockte. Für nichts und wieder nichts. Er stützte den Pistolenlauf auf die Lehne der vorderen Reihe, neigte seinen Kopf und entsicherte die Waffe. Wenn er jetzt abdrückte, könnte er am nächsten Morgen erzählen, die Madonna habe ihn umbringen wollen. Nur ein Schuss – und er wäre von dieser verfluchten Kälte erlöst.

„Bewege dich endlich", grummelte er. Denn er traute sich nicht, sinnlos abzudrücken. Er wartete und wartete. Und fror.

***

Plötzlich rührte sich etwas. Breitenstein hatte den Eindruck, der Kopf der Madonna habe sich nach vorne geneigt. Sicher war er sich nicht, denn die Statue stand in einem schummrigen Licht. Da half auch nicht der künstliche Strahlenkranz um sie herum. Plötzlich aber leuchtete die Aura der Madonna blendend auf und sie schwebte vom Sockel herab. Für einen Moment kniff Breitenstein die Augen zusammen. Als er sie wieder öffnete, blendete ihn das schneeweiße Licht immer noch unerbittlich. Er sah nicht einmal mehr die Gestalt der Madonna. Offenbar hatte das Licht sie verschluckt. Womöglich hatte der alte Mann doch recht und die Madonna hatte es jetzt auf ihn abgesehen? Seine Lage war unerträglich, geradezu grausam, denn er war nicht in der Lage, die Augen offen zu halten. Auch wenn er seine linke Hand schützend vor die Augen hob, konnte er seine Gegnerin nicht sehen. Er musste blind zielen und abdrücken. Das Projektil durchschlug einen Balken des Kreuzes. Das nächste traf die Stirn des Erlösers. Bleischwer wälzte sich die Angst bis in seine Knochen. Er fror wie damals als Kind, als ihn die scheinbar endlose Schneelandschaft in die Irre geführt hatte. Auf einmal spürte er etwas Böses, nur einen Hauch von seinem Körper entfernt. Ein eisiger Atem umhüllte ihn. Er riss die Augen auf und erstarrte vor der schrecklichen Gestalt, die aus einer anderen Welt gekommen war. Die furchtbare Madonna packte ihn, legte ihn über das Knie und schlug ihn tot. Alles um ihn herum wurde madonnenschwarz auf ewig.

Anmerkung: Die Geschichte ist inspiriert von dem Gemälde „Die Jungfrau züchtigt das Jesuskind vor drei Zeugen: André Breton, Paul Éluard und dem Maler" (Max Ernst, 1926).

Rolf Stemmle

DER BLINKENDE WEIHNACHTSELCH

Meine Frau und mich zog es immer aufs Land. Vor ein paar Jahren konnten wir unseren Traum verwirklichen und ein Anwesen in einem Hundert-Seelen-Dorf im Bayerischen Wald erwerben. Unser Heim liegt am Ende einer Reihe von Einfamilienhäusern. Der wildbewachsene Garten läuft auf ein Waldstück zu. Die Grundstücksgrenze in dieser Richtung ist nur aus den Karten des Grundbuchamtes ersichtlich. Entlang der Grenze zu unseren Nachbarn verläuft ein etwa fünfzig Meter langer Zaun.

Unsere Nachbarn, die Schambergers, die sind ein Problem. Meine Frau meint, sie müssen von einem anderen Stern gekommen sein. Ich entgegne, es müsste dann ein Großteil unserer Bevölkerung aus einem unbekannten Universum stammen. Kurz: Wir passen nicht zueinander. Sie sind lärmend und schrill, fahren teure und heulende Autos, stolzieren in Klamotten umher, die wir ansonsten nur an Mannequins im Fernsehen kennen. Die Versuche, über den Zaun hinweg ins Gespräch zu kommen, endeten jeweils nach wenigen Worten.

Es geht auf Weihnachten zu und bislang hängt am waldseitigen Balkon ihres Hauses lediglich eine lange bunte Lichterkette. Sie ist von niemandem zu sehen, außer von uns und ihren anderen Nachbarn sowie den Tieren in Garten und Wald. Was sie daher soll, wissen wir nicht, aber sie stört zumindest nicht weiter. Doch für eine Entwarnung ist es zu früh: Der blinkende Elch wurde letztes Jahr erst zwischen dem zweiten und dritten Advent installiert.

Der blinkende Elch. Meine Frau bemerkte ihn, als sie am Abend die Rollläden im Wohnzimmer herabließ und dabei einen Blick auf das Nachbargrundstück warf. „Egon!", rief sie sofort entrüstet. Ich stellte mich zu ihr ans Fenster und wir betrachteten fassungslos, was die Schambergers vor ihrer Terrasse aufgestellt hatten: einen meterhohen Elch aus Metall und LED-Leuchten, der eine gleißende Lichtershow fabrizierte. Zunächst leuchtete das Geweih, dann wanderte das Licht über den Kopf, den Hals und den Rumpf hinab zu den Beinen. Es folgte ein etwa zehnmaliges Blinken im Zwei-Sekunden-Takt. Anschließend wurde er dunkel, um nach einer kurzen Pause wieder mit dem Aufleuchten des Geweihes zu beginnen.

Wir schüttelten die Köpfe und waren froh, unsere Fenster mit den Rollläden so dicht verschließen zu können, dass wir von dem Deko-Tier nichts weiter mitbekamen. Auch unser Schlafzimmer, das ebenfalls zum Garten hin ausgerichtet ist, ließ sich vollständig abschotten.

Auf unserer Terrasse steht von Oktober bis März ein Vogelhäuschen. Wir möchten den Vögeln, die im Land geblieben sind, die kalte Jahreszeit erleichtern. Es ist eine Freude, den gefiederten Besuchern zuzusehen, wie sie auf den Futterplatz einstürzen, um die Körner raufen und wieder in die Landschaft flattern.

Zwei Tage nach der Entdeckung des Elches, gleich nach dem Frühstück, rief mich meine Frau wiederum ans Fenster.

„Schau dir die Amsel an", sagte sie besorgt. „Mir der stimmt was nicht."

Ich betrachtete das Tier, das im Vogelhäuschen lag und teilnahmslos zusah, wie eine Horde Spatzen über die Körner herfiel.

„Vielleicht ist sie krank", mutmaßte ich.

„Fragen wir sie doch einfach", schlug meine Frau vor.

Wir öffneten die Terrassentür und lugten in das Vogelhäuschen.

Meine Frau sprach sie vorsichtig an. „Fehlt dir was?"

„Ach!", gähnte die Amsel. „Ich kann nicht mehr schlafen!"

Wir wussten sofort, woran dies lag.

Die Amsel, ein stattliches Männchen, war uns bestens bekannt. Das Tier hatte zusammen mit einer hübschen Amselfrau im Frühjahr in einer Hecke entlang des Gartenzaunes ein Nest errichtet und vier Junge aufgezogen. Sie hatten hier bislang ein friedliches Leben genossen.

Wir boten dem Amselmännchen und seiner Gattin an, diese Nacht in der fensterlosen Speisekammer zu verbringen, um wieder zu Kräften zu kommen. Die Einladung nahmen sie gerne an. Zudem wollten wir mit unseren Nachbarn sprechen.

Am frühen Abend kamen die Schambergers nach Hause. Sie arbeiten in einer Kanzlei sowie einer Modeboutique in Deggendorf. Im Garten blinkte bereits der Elch. Ich klingelte. Herr Schamberger öffnete. Ich versuchte, ihm begreiflich zu machen, was das Lichtspektakel für die Tierwelt bedeutete, und erzählte von den Amseln. Schamberger meinte nur, Weihnachtsdekorationen seien eine „anerkannte Sitte". Das sei höchstrichterlich entschieden. Da ich ja die Rollläden herablassen könne, werde ich dadurch nicht unzumutbar gestört.

„Und was ist mit den Vögeln im Garten?", fragte ich mit Nachdruck.

„Die gewöhnen sich schon daran." Dann schlug er die Türe zu.

Nun, die Amseln gewöhnten sich nicht daran! Immer wenn es Abend wurde, standen sie vor der Terrassentür und baten, wieder in der Speisekammer übernachten zu dürfen. Wir gewährten ihnen gerne Nachtasyl.

Unsere Wohltätigkeit sprach sich rasch herum. Ein paar Tage später hüpfte ein zweites Amselpaar durch die Terrassentür. Schließlich ein Eichhörnchen, das seine Winterruhe gestört fand. Auch ein Igel kam. Er war aus seinem Winterschlaf erwacht und suchte für die kommenden Wochen einen dunklen Platz. Ich trug ihn in den Keller, wo er sich in einer Kiste mit Faschingskostümen verkroch.

Weitere Amseln und Eichhörnchen kamen, auch Sperlinge, Rotkehlchen und Meisen. In der Speisekammer wurde es rasch zu eng, also fertigten wir aus Müslischüsseln, die wir mit Stoffen auskleideten, Gästenester und verteilten sie auf den Schränken und in den Regalen in Küche und Wohnzimmer. Die Eichhörnchen übernachteten hinter den Reihen der Bücherwand und in Kochtöpfen.

Meine Frau und ich gehen zeitig zu Bett. Bis zehn Uhr abends gehörte das Wohnzimmer samt Fernseher uns, danach überließen wir den Raum unseren Gästen. Mit dieser Regelung waren alle einverstanden. Früh morgens öffnete meine Frau die Terrassentür und die Gäste flogen und hüpften hinaus ins Freie – bis sie beim Einbruch der Dunkelheit im blinkenden Schein des Elches wieder auf unserer Terrasse saßen und auf den Einlass warteten.

Wir informierten die Schambergers über die Entwicklung. Da sie jedoch keine Einsicht zeigten und weiter die „anerkannte Sitte" für sich reklamierten, wurde uns klar, dass wir den Weihnachtsabend mit den Gartentieren verbringen würden.

Meine Frau kümmerte sich um das Weihnachtsessen für uns beide, ich besorgte das Weihnachtsfutter für unsere Gäste. Es sollte eine reiche Auswahl an Nüssen, Körnern und Beeren geben. Die Tischdecke auf der gemeinsamen Tafel belegten wir vorsichtshalber hälftig mit einem Kunststofftuch, das sich leicht reinigen ließ. Darauf stellten wir den Teller mit dem Weihnachtsfutter. Wir verzichteten aus Rücksichtnahme dieses Jahr auf die obligatorischen Bratwürste und aßen vegetarisch: Chicorée in Weißweinsoße mit Kräuterseitlingen und Dillkartoffeln.

Es wurde, wie sich leicht vorstellen lässt, ein sehr lebhaftes Festmahl. Die Gartentiere flatterten und rannten unablässig zwischen dem Futterteller und den Schlafplätzen hin und her. Gelegentlich kamen sie ins Streiten, aber es kam glücklicherweise nicht zu ernsthaften Kämpfen. Eine Kohlmeise verfing sich im Lockenkopf meiner

Frau, ein Eichhörnchen glitt im Eifer auf dem Futterteller aus und rutschte in meine Dillkartoffeln.

Gegen neun Uhr schlug es plötzlich an den Rollladen der Terrassentür. Wir erschraken und sahen uns an. Wieder wurde gepocht. Es klang unheimlich. Auch die Vögel und Eichhörnchen pausierten und horchten auf. Meine Frau und ich überwanden uns und gingen gemeinsam zur Tür. Wir öffneten den Rollladen. Jenseits der Glasscheibe stand ein Elchbulle. Riesengroß, mit mächtigem Geweih. Er machte einen erbärmlichen Eindruck. Mit seinen traurigen Augen flehte er: „Lasst mich bitte herein!"

Wir schoben alle Bedenken beiseite und baten das Tier ins Wohnzimmer. Kaum im Warmen klagte er jämmerlich: „Ich habe aus der Ferne gemeint, vor den Häusern warte eine paarungsbereite Elchkuh. Als ich näher kam, entdeckte ich, dass ich auf abscheuliche Weise getäuscht worden war." Er schluchzte. Sein Leid saß tief. Ein Eichhörnchen brachte ihm sofort eine Haselnuss, die er so bedächtig aufsog, als sei sie ein hochwirksames Globuli.

Ich erklärte ihm, was es mit dem Elch im Nachbargarten auf sich hatte. Was er hörte, bestärkte ihn in seinem Weltschmerz. Er fühlte sich gedemütigt.

„Ich habe von draußen Vogelgezwitscher gehört", fuhr er fort, „und ich habe mir gedacht, dass hier Weihnachten gefeiert wird."

„Ja, wir haben ein wundervolles Fest", schwärmte meine Frau.

„Darf ich eventuell mitfeiern?", fragte der Elch bescheiden. „Ich brauche jetzt etwas, das mich aufmuntert."

Natürlich durfte er sich anschließen. Wir gaben uns Mühe, ihm auch bezüglich Kulinarik unsere Gastfreundschaft zu zeigen. Er fühlte sich rasch wohl in unserer Mitte.

Meine Frau und ich erlebten den bislang schönsten Weihnachtsabend.

Die Lichtershow der Schambergers schien den Elch in eine Lebenskrise gestürzt zu haben, jedenfalls war er so begierig auf gesellschaftlichen Anschluss, dass er die folgenden Tage in unserem Wohnzimmer bleiben wollte. Da der Lichterelch über die Weihnachtstage hinaus blinkte, übernachteten auch die Vögel und Eichhörnchen weiter bei uns.

Am Silvesterabend geschah schließlich etwas Wundervolles.

Die Schambergers feierten eine lärmende Party. Zum Jahreswechsel kamen sie in den Garten, um Knallkörper explodieren und Feuerwerksraketen in den Nachthimmel zischen zu lassen. Ich öffnete ein wenig den Rollladen und konnte durch eine Ritze das Treiben beobachten. Dann passierte es: Herr Schamberger hatte soeben, mit einer Bierflasche in der Hand, die Zündschnur einer Raketenbatterie angesteckt, als er ins Wanken geriet und gegen die Raketenbatterie trat. Diese kippte um, und im nächsten Moment raste die erste Rakete los. Sie traf den blinkenden Elch. Auch die zweite, die dritte, ein ganzes Dutzend. Am Licht-Elch begann es zu zischen und zu pfeifen, schwarzer Rauch stieg auf, und mit einem Puff verloschen sämtliche Leuchten.

Ich meldete meine Beobachtung meiner Frau und unseren Gästen. Sofort brach ungeheurer Jubel aus.

Den verkohlten Elch haben die Schambergers ein paar Tage später abgebaut. Die Vögel und Eichhörnchen verlagerten ihre Schlafplätze wieder nach draußen. Unser Gast-Elch blieb bis Mitte Januar. Seelisch gestärkt wollte er sich nun andernorts nach einer Gattin umsehen. Der Igel hatte von all dem nichts mitbekommen. Er erwachte im März und verabschiedete sich ebenfalls.

Meine Frau und ich sind gespannt, ob dieses Jahr wieder ein blinkender Elch oder eine andere Lichtershow im Nachbargarten auftaucht. Wir hoffen, dass die Nachtruhe der Tiere ungestört bleibt.

Aber für Heiligabend haben wir sie alle eingeladen! Vielleicht kommt ja auch der Elchbulle mit einer Gattin.

Thyra Thorn

NIKOLÁOS

„Keine TÜV-Plakette." Karl senkte den Kopf: „Die haben einen neuen Prüfer." Wer das kleine Stück Plastik nicht bekam, konnte in dem abgelegenen bayerischen Ort nahe der tschechischen Grenze nicht existieren, kam nicht zur Arbeit, nicht zum Supermarkt, nicht zum Jobcenter.

„Ich kann froh sein, dass er die Karre nicht aus dem Verkehr gezogen hat. Das Lenkgestänge ist hin."

„Wann musst du den Wagen wieder vorfahren?", fragte Elsa, die Älteste seiner drei Töchter.

Er seufzte: „In vier Wochen."

Einen knappen Monat hatten sie also Zeit, Freunde um Hilfe zu bitten, die Schrottplätze abzugrasen, den Werkstattleiter um Stundung der Reparaturrechnung anzuflehen, die Bank um einen Kredit zu bitten, kurzum: betteln zu gehen. Alles war verkauft, wirklich alles überhaupt Entbehrliche hatten sie auf „Ebay-Kleinanzeigen" angeboten und für ein paar Euro hergegeben. Jedes Silberkettchen, jede Blumenvase, sogar der Bilderrahmen, in dem das Foto der im Jahr zuvor gestorbenen Mutter gesteckt hatte, war verpackt und zur Post getragen worden.

„Das Holz", sagte Edith, die Zweitälteste, „wir müssen das Brennholz verscheuern."

Der Winter hatte noch nicht einmal begonnen.

„Vielleicht wird es nicht so kalt", hoffte Anna, die Jüngste.

Alle wussten, dass auch heuer der Wind aus Böhmen spätestens Ende Dezember alles würde erstarren lassen. In jede Ritze würde er kriechen, sich durch jede Spalte zwängen.

„Wir heizen nur den großen Herd in der Küche", schlug Elsa vor, „wie zu Omas Zeiten."

***

Seit vor einem Jahr in der Kreisstadt die Gießerei des Autozulieferers Bayern-Guss die Produktion zurückgefahren hatte, ging die Angst vor Entlassungen in der Belegschaft um. Zu der Zeit schwächelte auch schon der Galvanikbereich. Der Markt gab nichts mehr her, zu wenig Bedarf an verzinkten Fertigteilen, zu wenig Abnehmer. Wo sollten denn neue Aufträge herkommen, aus China?

Alle in der Gegend sahen sich nach neuen Arbeitsplätzen um und schrieben körbeweise Bewerbungen, größtenteils vergebens. Vor einem halben Jahr war es dann soweit, nicht nur die Gießerei machte dicht, der gesamte Betrieb ging in Konkurs. Es gab keinen Sozialplan. Karl mit seinen sechzig Jahren stand auf der Straße.

Die Obermeiers waren eine wohl angesehene Familie, galten als fleißig und strebsam. Tochter Elsa hatte die Probezeit bei Alternativstrom-Ost mit Bestnote bestanden. Doch dann brachte die 10-H-Regelung die bayerische Windwirtschaft zum Erliegen und sie wurde nicht übernommen.

Anna hatte eine Lehre in der kleinen Dorfbäckerei angefangen, den saftigsten Marmorkuchen im Landkreis gebacken und sich berechtigte Hoffnungen auf die Übernahme des angeschlossenen Cafés gemacht. Als sich ein Discounter am Ortsrand ansiedelte, war es mit ihren Plänen vorbei. Die Bäckerei ging pleite und mit ihr viele andere Händler.

Edith hatte jahrelang die kranke Mutter gepflegt und an zwei Abenden pro Woche in der Dorfkneipe Speisen und Getränke ser-

viert. Solange das Gasthaus noch durchhielt, würde sie da arbeiten
können. Doch ihr wurde nicht einmal der gesetzliche Mindestlohn
gezahlt.

Binnen weniger Monate war die Familie ruiniert und zog sich beschämt vom öffentlichen Leben zurück. Die Gelder vom Jobcenter
flossen nur spärlich, es reichte knapp zum Überleben. Für Reparatu-
ren war nichts übrig.

***

Eine Weile behalfen sie sich irgendwie. Als sich der Nachtspeicher-
ofen nicht mehr anschalten ließ, nahmen sie die alten gusseisernen
Öfen wieder in Betrieb. Als Elsas Auto einen Getriebeschaden hatte,
begnügten sie sich mit Karls Wagen.

Als die Waschmaschine kaputt ging, holten sie den großen Kessel
aus dem Schuppen. Sie reinigten den seit Jahrzehnten nicht mehr
benutzten Herd in der Küche, schürten ein, setzten das hellblau
emaillierte Ungetüm auf die Platte und kochten dort die Wäsche.

Zuerst fanden sie es aufregend, romantisch, spürten den alten Zeiten nach.

„Geht doch", sagten sie und heizten das Bratrohr an, „so gutes
Schweinernes haben wir lange nicht gegessen."

„Endlich haben wir genügend Zeit für uns."

„Geld ist nicht alles."

„Das einfache Leben tut einem gut. Man findet zu sich selbst."

Schließlich konnte auch Annas Handy nicht mehr finanziert werden.

„Was braucht man denn schon groß?", fragte Karl.

Da brach Anna in lautes Schluchzen aus und rannte auf ihr Zimmer.

***

„In der Kneipe war gestern Abend ein Tscheche, der hat mich die ganze Zeit angestarrt", beendete Edith das betretene Schweigen.

„Etwa ein Verehrer? Attraktiv?"

„Nein, ein furchtbar schmieriger Typ. Aber er hat mir einen Zwanziger Trinkgeld gegeben, anzüglich geblinzelt und gemeint, mit unserem Aussehen könnten wir drei Schwestern anderswo viel Geld verdienen."

Karl beugte sich interessiert vor: „Wo?"

„Er schien uns schon länger beobachtet zu haben, besonders Anna hatte es ihm angetan."

„Die Kleine ist siebzehn."

„Das hat sein Kumpel auch gesagt und gemeint, er solle uns in Ruhe lassen. Der gefiel mir übrigens gut. Der Tscheche nannte ihn Mikulas. Aber mir stellte er sich als Nikoláos vor, von Beruf Steuermann und Lademeister."

„Wo könntet ihr Geld verdienen?", hakte Karl nach.

Elsa beachtete ihn nicht: „Woher kommt denn dein Seefahrer?"

„Aus Demre, einer Hafenstadt in der Provinz Antalya."

„Tschechischer Seefahrer und zugleich griechischer Türke. Wie exotisch."

„Ist doch jetzt egal, ich will wissen, wo ihr Mädchen Arbeit findet", fuhr der Vater ungeduldig dazwischen.

„Meine Güte, was denkst du denn? Ist doch klar, in den Puffs", blaffte ihn Elsa an, „glaubst du, dass gute Arbeit hier vom Himmel fällt?"

Damit war das ausgesprochen, was alle schon einmal gedacht, aber sofort wieder von sich geschoben hatten: Im Grenzgebiet gab es eine Reihe von Bordellen, die meisten als Saunaclubs getarnt. Da fanden junge Frauen Arbeit.

„Die brauchen doch auch Damen für die Rezeption oder Bar. Die müssen doch nicht alle...", gab Karl zu bedenken.

„Meinst du das ernst?"

„Du glaubst doch nicht wirklich, dass man sich da raushalten und den Freiern verweigern kann?"

„Ich habe euch großgezogen, jetzt könntet ihr auch mal was für mich tun!"

Die Schwestern starrten ihren Vater an, als hätten sie ihn noch nie gesehen.

„Ach, was weiß denn ich." Er erhob sich abrupt und verließ den Raum. Kurz darauf fiel die Haustür ins Schloss.

„Spinnt der? So eine Arbeit kommt überhaupt nicht in Frage!"

„Er ist verzweifelt."

„Das bin ich auch", versetzte Elsa, „selbst wenn wir das Auto reparieren lassen könnten, wüsste ich nicht, wie es hier weitergehen soll. Ohne festes Einkommen gibt es keinen Kredit, nicht mal für die nötigsten Anschaffungen. Die Grundstückspreise sind im Keller. Keine Arbeitsplätze, keine Nachfrage."

***

In diesem Moment zerbrach mit lautem Klirren eine Fensterscheibe. Ein großer Brocken krachte auf den Küchentisch und zerschmetterte die Sauciere. Ihr Inhalt ergoss sich über den Tisch.

„Oh mein Gott, da wirft einer mit Ziegelsteinen!"

„Die Zuhälter! Die wollen uns fertigmachen!"

Beide Schwestern gingen in Deckung.

Ein weiteres Geschoss kam geflogen, noch eines und noch eines, insgesamt sechs Stück. Kein Teller blieb heil. Im Schweinebraten steckten Glas- und Porzellansplitter. Ein Knödel rollte vom Tisch und platschte auf den Boden.

Als nichts weiter passierte, robbte Edith zum Fenster und spähte hinaus. Draußen standen nicht etwa Luden und Saunaclubbesitzer, sondern Nikoláos.

„Alles in Ordnung?", schrie er, „ist einer verletzt?"

„Nein, aber was... ?"

„Jede von euch Schwestern kriegt zwei. Macht was draus", unterbrach sie Nikoláos, warf ihr eine Kusshand zu, drehte sich um und verschwand in der Dunkelheit.

Die Brocken waren in festes Tuch gehüllt, mit Kabelbindern verschnürt und überraschend schwer. Als Elsa den Inhalt aus der Verpackung schälte, spiegelte sich das Licht der Deckenlampe auf einer glatten Oberfläche. Es musste sich um polierte Steine handeln, oder Metallteile, oder…

„Goldbarren!", schrie sie, „es sind Goldbarren."

„Nein!"

„Doch, alle sechs Stück!"

Auf der Oberfläche stand Duocore FEINGOLD neunhundertneunundneunzig Komma neun, tausend Gramm, darunter ein Buchstabe und jeweils eine fünfstellige Zahl.

Edith eilte zum Fenster, suchte die Dunkelheit vor dem Haus mit den Augen ab, aber Nikoláos blieb verschwunden.

Dafür stürmte Anna ins Zimmer.

„Ein Kilo Gold ist circa dreiundvierzigtausend Euro wert", lachte Elsa, „du bist jetzt um sechsundachtzigtausend Euro reicher."

„Dann geh' ich nach Wien und mach' eine Konditorlehre", antwortete die Kleine spontan.

„Ich versuch's in Schleswig Holstein, da gibt's Windräder", verkündete Elsa.

„Ich eröffne ein Nagelstudio."

„Ach, Edith, nein!"

Edith grinste: „Vielleicht auch nicht. Aber ich hau' auch ab."

„Und unser Vater?"

„Den lassen wir hier."

Anmerkung: Die Erzählung orientiert sich inhaltlich an der Legende von der „Mitgiftspende" des heiligen Nikolaus: Im vierten Jahrhundert warf Nikoláos, der Bischof von Myra (heute Demre), Goldklumpen in die Zimmer dreier Jungfrauen, um sie vor der Prostitution zu bewahren. Dank dieser Mitgift konnten sie gut verheiratet werden.

DIE AUTORINNEN UND AUTOREN

Edith Maria Ascher, geboren 1961, lebt in Landshut. Die studierte Sozialpädagogin arbeitet als freischaffende Künstlerin und Schriftstellerin. Unter dem Autorennamen E.M. Ascher hat sie fünf Romane (Fantasy/Magischer Realismus) veröffentlicht und ist in Anthologien vertreten. Ihr Buch „Magie und Sternenstaub – Geschichten aus Landshut" erschien 2019 im Ohetaler-Verlag. Mehr Infos unter: *www.e-m-ascher.de*

Bettina Auer wurde 1992 in Wörth an der Donau geboren, wo sie bis heute noch lebt. Seit zehn Jahren schreibt sie phantastische Literatur für Jugendliche und junge Erwachsene. Dabei sind schon zahlreiche Romane entstanden.

Fabian Bader, geboren 1993, studierte Philosophie, Germanistik und Geschichte. Für seine Prosa, die in Anthologien und Zeitschriften veröffentlicht wurde, erhielt er Preise und Stipendien. So war er Gewinner der PULS-Lesereihe 2015 und des Write&Read Nachwuchspreises der Jungen Verlagsmenschen. 2016 bis 2018 war er Stipendiat des Schreibhains Berlin. Neben der Fortbildung an der Bayerischen Akademie des Schreibens absolvierte er die Textwerkstatt in Darmstadt. Seit 2018 wird Bader durch die Literaturagentur Petra Eggers vertreten.

Wolfgang Burger, geboren 1952 im idyllischen Südschwarzwald, schreibt seit 1995 Krimis. Inzwischen sind 23 Romane erschienen bei einer Gesamtauflage von fast 700.000. Viele seiner Bücher standen für Wochen auf der Spiegel-Bestsellerliste. Letzte Veröffentlichungen: 2019 „Gleißender Tod" (Thriller zusammen mit Hilde Artmeier) und „Wenn Rache nicht genügt" (Kriminalroman).

Marie-Anne Ernst hat Vor- und Frühgeschichte und Volkskunde studiert. Sie lebt mit ihrer Familie im Vorderen Bayerischen Wald und hat eine Kinderbuchreihe um die Zahnfee Apollonia sowie mehrere Kurzgeschichten veröffentlicht.

Guido Frei wurde in der Schweiz geboren, studierte Ethnologie und übte verschiedenste Berufe aus. Seit 1995 wohnt er in der Nähe von Regensburg und verfasst Kurzgeschichten und Kriminalromane. Darin beschäftigt er sich mit den oft überraschenden Ereignissen und Wendungen, die das alltägliche Leben mit Spannung füllen.

Colin Goldner, Dr., klinischer Psychologe und Sachbuchautor. Wissenschaftlicher Beirat des Internationalen Bundes der Konfessionslosen und Atheisten (IBKA). Lebt mit Frau und 75-kg-Dogge in einem 200-Seelen-Dorf in Niederbayern.

Wolf Hamm (Wolfgang Hammer) unterrichtete an Gymnasien in Flensburg und Kopenhagen Deutsch, Geschichte und Deutsch als Fremdsprache, organisierte die erziehungswissenschaftliche Gymnasiallehrerausbildung an der Universität Kiel und leitete von 1992 an die Lehrerausbildung in Rostock bis 2011. Er lebt mit seiner Frau in Mitterfels im Bayerischen Wald. Zu Pädagogik, Geschichte und Geschichtsunterricht hat er zahlreiche Artikel veröffentlicht. Es sind auch vier Romane und viele Geschichten von ihm erschienen.

Elfi Hartenstein, lebt seit Ende 1989 als freiberufliche Autorin, Übersetzerin, Lektorin und Ghostwriter in Regensburg. Sie schreibt Prosa (meist narrative nonfiction) und gemeinsam mit „Tatort"- und „Schimanski"-Autor Horst Vocks Krimis: die 2017 als e-book erschienene Romanfolge „Ausstieg", „Glücksspieler" und „Gefährliche Erben" um Ex-Kriminalhauptkommissar und Schlichter Lou Feldmann.

Ingrid Kellner ist in Weilheim/Obb. aufgewachsen. In München besuchte sie die Grafische Akademie, illustrierte und schrieb Bilder-, Kinder- und Schulbücher. Sie malte in den 80ern als Neue Wilde. Für den BR verfasste sie Betthupferl. Im Lichtung Verlag Viechtach veröffentlichte sie einige Bücher. Sie gehört zum Berufsverband bildender Künstler in München und zum Schriftstellerverband Ostbayern.

Julia Kathrin Knoll, geboren 1980 in München, hat in Regensburg Germanistik, Italianistik und Pädagogik studiert und arbeitet heute in der Erwachsenenbildung. Sie schreibt Jugendbücher in den Bereichen Romantik und Fantasy sowie Sachbücher mit Regensburg-Bezug. *www.julia-kathrin-knoll.de*

Carola Kupfer, Jahrgang 1964, ist seit 30 Jahren als Autorin, Ghostwriter, Texterin und Kommunikationstrainerin tätig. Sie schreibt (historische) Romane und Ratgeber und veröffentlicht regelmäßig in Anthologien des Schriftstellerverbands. Außerdem realisiert sie deutschlandweit Buchprojekte mit Schulen. *www.carola-kupfer.com*

Anne Lienert ist ein Pseudonym der Kulturjournalistin Christine Riedl-Valder. Die promovierte Kunsthistorikerin und Germanistin wuchs in Niederbayern auf und lebt seit 40 Jahren in der Oberpfalz. Sie veröffentlichte bereits zahlreiche Sachbücher, Aufsätze und Artikel zur Kunst-, Literatur- und Kulturgeschichte Bayerns und schreibt gelegentlich auch belletristische Texte. *www.kunstliteratour.com*

Oliver Machander ist Schriftsteller, Schauspieler und vor allem Erzähler. Er konnte bereits bei über 3000 Vorstellungen Kinder und Erwachsene mit Märchen und Theater erfreuen. Seit 2013 schreibt und veröffentlicht der Künstler auch selber Märchen und Geschichten. *www.nanu-maerchen.de*

Gabriel Maier wurde 1978 in Regensburg geboren, studierte dort an der Technischen Hochschule und lebt heute mit seiner Familie am Stadtrand. Er ist Mitglied im Schriftstellerverband Ostbayern und schreibt in den Bereichen Science Fiction, Horror, Fantasy und Satire. Seit 2014 nimmt er regelmäßig an Ausschreibungen für Anthologien teil.

Johann Georg Maierhofer, Regensburger Autor und Kalligraf, lebt und arbeitet seit 30 Jahren in Regensburg. Form und Inhalt verwebt sich in seinem Schaffen. Neben lustig listigen Oberpfälzer Heimatgeschichten schreibt er im Kurzgeschichtengenre auch Nachdenkliches, Besinnliches. In seinem Beitrag „Oberpfälzer Weihnacht" sind die Erlebnisse seiner Kindheit in der Oberpfalz eingeflossen.

Nina Maluzi wurde 1982 im Ruhrgebiet geboren. Schnell wurde es ihr dort zu langweilig. Nach einem längeren Aufenthalt in Berlin ist sie nun im schönen Regensburg gelandet. Ihre Vorliebe gilt dem Lyrischen sowie den Kurzgeschichten und der Bearbeitung ihrer Romane, welche im Fantasy- oder dystopischen Genre angesiedelt sind.

Marita A. Panzer, Dr. phil., lebt und arbeitet in Regensburg und Irland. Sie ist Sachbuchautorin und veröffentlichte zahlreiche historische Biografien, zuletzt: „Hedwig – Die Braut der Landshuter Hochzeit" (2020). Zudem macht sie hie und da Ausflüge in die Belletristik mit Kurzgeschichten und ihren Minikrimis „vogelfrei und mausetot" (2018). Einige ihrer Arbeiten wurden in mehrere Sprachen übersetzt. *www.maritapanzer.de*

Thomas Schmid, geboren 1960 in Landshut, wollte als Kind entweder Stuntman oder Schriftsteller werden. Heute lebt und arbeitet er als freier Autor in Niederbayern und schreibt außer Kinder- und Jugendbüchern auch Radiogeschichten und Drehbücher. *www.thomas-schmid-autor.de*

Karin Seethaler, in Straubing geboren, lebt in Regensburg als Autorin und ist als Referentin für Kontemplation im In- und Ausland tätig. Ihre spirituellen Bücher wurden bereits in mehrere Sprachen übersetzt. *www.karin-seethaler-wendepunkte.com*

Claudia H. Spelic, geboren in Fulda/Hessen, ist als moderne Nomadin berufsbedingt nach Jever im hohen Norden, via Göttingen und Köln nach Bayern gekommen. Sie lebt und arbeitet seit 1988 im Landkreis Regensburg. Ihr erstes Kinderbuch erschien 1987, es folgten Kurzgeschichten, Roman, Lyrik, Satire und Anthologie-Beiträge. *www.pinselart-und-federstrich.de*

Martin Stauder, geboren 1958 in Göttingen, seit 1988 wohnhaft in Regensburg, veröffentlichte u.a. Lyrik und den Erzählband „Aderriss" im Spielberg-Verlag, Neumarkt. Er schreibt gerne in den Genres Fantasy und Horror. 2016 wurde sein Drehbuch „Mit dem Koffer auf Achse" unter seiner Regie verfilmt. *www.martinstauder.de*

Rolf Stemmle ist gebürtiger Regensburger. Zunächst konzentrierte er sich auf das Theater, seit einigen Jahren schreibt er auch Prosa und Lyrik. Zudem beschäftigt er sich mit klassischer Musik. Er verfasst Einführungsliteratur zu Opern und komponiert Kammermusik. Im MZ-Buchverlag (Battenberg Gietl Verlag) erschien „Der Teufel von Stockenfels" sowie „Das Rennplatz-Geheimnis". *www.rolf-stemmle.de*

Thyra Thorn ist in Schleswig-Holstein geboren und studierte in (West-)Berlin. Sie ist Ethnologin M.A. und Malerin. Sie veranstaltet Lesungen und Kunstausstellungen und veröffentlicht – und illustriert – Erzählungen und Kurzgeschichten. In ihrer Arbeit spürt sie dem „Zeitgeist" nach. *www.thyra-thorn.com*

DER ILLUSTRATOR

Christian Walter ist ausgebildeter Illustrator und Designer und wurde 1995 in Roth geboren. Er studierte in Regensburg, lebt seit einigen Jahren in der Stadt und arbeitet eng mit ihren Bürgern zusammen. Walter spezialisierte sich auf digitales Zeichnen und arbeitet nun als selbstständiger Illustrator an den unterschiedlichsten Projekten. Vom Videospiel, über Kinderbücher bis hin zum Product-Sketch deckt er alles ab.

Weitere Bücher aus dieser Reihe

Verführerisches Ostbayern
Sinnliche Begegnungen
und leidenschaftliche Romanzen
1. Auflage 2019, 216 Seiten
ISBN 978-3-86646-738-5 · Preis: 19,90 €

Mörderisches Ostbayern
Verbrecherische Gedanken
und seltsame Todesfälle
1. Auflage 2018, 248 Seiten
ISBN 978-3-95587-721-7 · Preis: 19,90 €

Phantastisches Ostbayern
Märchenhafte Geschichten und
wundersame Ereignisse
1. Auflage 2017, 216 Seiten
ISBN 978-3-86646-787-3 · Preis: 16,90 €

Schauriges Ostbayern
Unheimliche Ereignisse
und geheimnisvolle Geschichten
3. überarbeitete Auflage 2018, 168 Seiten
ISBN 978-3-95587-751-4 · Preis: 19,90 €

Format 13,5 x 20,5 cm, mit zahlreichen s/w-Abbildungen, Hardcover

Postfach 166 · 93122 Regenstauf
Tel. 0 94 02 / 93 37-0 · Fax 0 94 02 / 93 37-24
info@battenberg-gietl-verlag.de · www.battenberg-gietl.de